庆典礼仪

给生活锦上添花的艺术

韩玉龙　编

朝華出版社
BLOSSOM PRESS

图书在版编目（CIP）数据

庆典礼仪 ：给生活锦上添花的艺术 / 韩玉龙编． --
北京 ：朝华出版社，2022.10
ISBN 978-7-5054-5014-1

Ⅰ．①庆… Ⅱ．①韩… Ⅲ．①节日－风俗习惯－中国
②礼仪－基本知识 Ⅳ．①K892.1 ②K891.26

中国版本图书馆 CIP 数据核字（2022）第 000614 号

庆典礼仪：给生活锦上添花的艺术

作　　者 韩玉龙
选题策划 未来趋势
责任编辑 刘冰远
责任印制 陆竞赢　崔　航
装帧设计 刘昌凤

出版发行 朝华出版社
社　　址 北京市西城区百万庄大街 24 号　　**邮政编码** 100037
订购电话 （010）68996061　68995512
传　　真 （010）88415258（发行部）
联系版权 zhbq@cipg.org.cn
网　　址 http://zhcb.cipg.org.cn
印　　刷 三河市元兴印务有限公司
经　　销 全国新华书店
开　　本 660mm×960mm　1/16　　**字　　数** 168 千字
印　　张 13
版　　次 2022 年 10 月第 1 版　2022 年 10 月第 1 次印刷
装　　别 平
书　　号 ISBN 978-7-5054-5014-1
定　　价 59.80 元

前言

庆典礼仪是一种喜庆文化

庆典礼仪，由来已久。中国历来以礼仪之邦著称，在数千年的文明发展中，形成了很多富有文化内涵、反映生活需求的礼仪文化，庆典礼仪就是其中的一个组成部分。庆典礼仪与文明的进步、社会的发展有着密切的联系，具有丰富的文化象征意义，是人类的美好愿望与对未来生活憧憬的一种表达方式。今天，传统庆典礼仪中融入了大量的现代文明理念与礼仪规范，具有新的内涵和新的形式，成为和谐社会中的一种文化。

庆典礼仪的形成，经历了一个漫长而复杂的历史发展过程。传统的庆典礼仪与人类远古时期文明的发生、发展同步。人类社会最初的文明是从刀耕火种到采集狩猎，再到养殖种植而逐渐形成并发展起来的，人类认识、适应与征服大自然的能力也在这一过程中不断增强。由于原始社会的生产力极其低下，生产劳动受天气影响较大，因此，与各种时节的变化相匹配的仪式与礼仪就成为最早的庆典礼仪。随着时代的发展，庆典礼仪成为传统礼仪中最隆重、最热烈的礼仪，也是人类祈愿生活美好、祝愿未来顺利、延续人类文明时最常用、最快乐的仪式之一。

中国是一个历史悠久的文明古国。庆典文化展示着古往今来中国人民传承已久的习俗与文明观念，寄托着炎黄子孙的历史情感。从历史文化层面上理解，可以说，依照礼仪规范进行庆典活动，就是加强民族凝聚力和向心力的文化洗礼。

庆典礼仪，作为民族礼仪的一个重要内容，涉及的领域很多。本书主要精选了人们熟悉并常用的庆典礼仪内容。在学校庆典礼仪中，收录了开学典礼、毕业典礼、校庆典礼、学生成人典礼等方面的礼仪规范与程序要求；在家庭庆典礼仪中，介绍了祝寿礼仪、祝贺婴儿新生礼仪、祝贺新居及乔迁礼仪、结婚庆贺礼仪等方面的礼仪规范与程序要求；在企业庆典礼仪中，详细介绍了企业开业庆典、企业周年庆典、企业剪彩礼仪、企业交接仪式礼仪、企业签字仪式礼仪等礼仪程序与规范内容。

由上可见，本书是一部介绍各类庆典活动的礼仪宝典，它以丰富翔实的内容对各类庆典礼仪进行了解读，以使读者对我国的庆典礼仪文化及民族传统习俗有一个清楚的认识和全面的了解。需要指出的是，礼仪规范作为一种反映社会文明水平与生活质量的文化现象，并不是一成不变的，也不是要求所有地区、所有民族都要遵循完全统一的规则。由于地域文化、社会条件、民族习俗、自然环境以及各个社会组织和各个家庭情况的不同，庆典礼仪具有不同的表现形式。希望人们在学习礼仪知识的过程中，根据实际情况灵活运用，以使礼仪更好地为创造文明生活、建设和谐社会服务。

目录

第一章 庆典礼仪概述

第二章
学校庆典礼仪

目录

目录

目录

第三章 家庭庆典礼仪

目录

目录

目录

第四章

企业庆典礼仪

目录

目录

第一章

庆典礼仪概述

01

庆典活动有哪些类型？

庆典活动的种类很多，有为了纪念某一个节日、某一个特殊日子而举行的，有为了庆祝某一成就、获得某一荣誉而举行的，有为了庆祝组织机构的成立而举行的，也有为了一个工程动工、竣工或项目的开业、结业而举行的。

常见的庆典活动有如下几种：

◇节庆典礼

节庆典礼是指围绕重大节日和纪念日举行的庆祝活动。一类是传统的公共节日，如除夕、春节、元宵节、端午节、中秋节等；另一类是纪念日，如国庆、企业成立周年纪念日、商场开业纪念日。

◇庆功典礼

庆功典礼是指为单位或成员获得某项荣誉，取得某些重大成就、重大业绩、重大进展而举行的庆祝活动，如为“抗击非典胜利”、某市荣获“全国卫生城市”称号、某企业荣获“科技创新示范企业”、某轿车厂“第100万辆轿车下线”、某电视机厂“超大屏幕彩色电视机研制成功”等举办的庆功典礼。

◇**奠基典礼**

奠基典礼是指重大工程项目，如楼宇、道路、桥梁、河道、水库、电站、码头、车站等建设项目正式开工时，举行破土动工的仪式。

◇**竣工典礼**

竣工典礼是指某一工程项目建成完工时举行的庆贺仪式，包括建筑物落成、安装完工、重大产品成功生产等。这类典礼一般在竣工现场举行。

◇**通车典礼**

通车典礼是指重大交通工程，如公路、铁路、地铁、桥梁、隧道等在正式交付使用前举行的庆祝活动。

◇**通航典礼**

通航典礼又称首航仪式，是指飞机、轮船正式开通一条新航线时举行的庆祝活动。

02

举办庆典活动需要遵循哪些礼仪规范？

典礼是一种隆重的仪式，一方面，可以显示举办方的郑重、庄严，营造出热烈的气氛；另一方面，可以引起社会各方面和广大群众的注意和重视。那么，举行庆典活动需要遵循哪些礼仪规范呢？

◇典礼规模要适度

典礼的具体形式与规模应符合本单位的实际情况，切不可脱离实际，追求形式主义，虚张声势。

◇典礼要合乎规范

典礼最重要的作用，在于它既能吸引外界对本单位的关注，又能唤起本单位员工的自信心和自豪感。所以典礼既要办得严肃认真，又要合乎规范。

◇典礼开支要合理

庆典既然是庆祝活动的一种形式，那么它就应当以庆祝为中心，把每一项具体活动都尽可能举办得热烈、欢快而隆重。不论是举行庆典的具体场合、庆典进行过程中的某个具体环节，还是出席者的服饰、表现，都要体现出热闹、喜悦的气氛。但同时要注意，举行典礼须精打细算，避免浪费。

◇**制定庆典活动方案**

每一场庆典活动，必须预先制定一个活动方案，包括典礼的名称、规格规模、邀请范围、时间地点、典礼形式、基本程序、主持人、经费安排等。庆典活动要遵照国家有关规定，一般庆典活动要经有关领导审批，大型活动必须向所在地县级以上人民政府公安机关申报备案。[1]

◇**做好邀请工作**

邀请的来宾一般包括各级领导、知名人士、同行代表、新闻记者、员工代表等。邀请应郑重其事，使用印刷精美的请柬，并在庆典活动的前一周发出去。

◇**认真布置会场**

会场要突出庆祝的气氛，可以挂横幅、插彩旗、张贴宣传标语。主席台前要摆放鲜花，台布要干净、平整。会场容纳人数与到会人数要匹配：如果会场太大而到会人数少，就会显得空空荡荡、冷冷清清，影响庆典效果；如果会场太小，容纳不了应邀参加庆典的人员，导致人员拥挤，也不妥当。

◇**做好接待工作**

庆祝典礼的规模一般都较大，会议组织者应当妥善做好迎送接待工作。来宾莅临时，应由专人引入贵宾室或会场。上级部门的领导，应由主办单位负责人亲自迎送。会间要准备好足够的茶水，以备与会者饮用。

---

[1] 根据《大型群众性活动安全管理条例》：大型群众性活动的预计参加人数在1000人以上5000人以下的，由活动所在地县级人民政府公安机关实施安全许可；预计参加人数在5000人以上的，由活动所在地设区的市级人民政府公安机关或者直辖市人民政府公安机关实施安全许可；跨省、自治区、直辖市举办大型群众性活动的，由国务院公安部门实施安全许可。承办者应当在活动举办日的20日前提出安全许可申请。

◇**安排庆典活动程序**

合理安排庆典程序，一般包括：重要来宾留言、题字；主持人宣布活动开始；奏乐，介绍重要来宾；领导致辞和来宾代表讲话；剪彩、参观。有时还要安排座谈、宴请、文艺节目等活动。

◇**制造热烈氛围**

会上可以安排一些助兴的节目，如在庆典正式开始前可以敲锣打鼓、播放欢快的乐曲等，庆典结束后可以安排与庆典内容、气氛相符的文艺节目表演。

◇**发言应精彩**

主持者、发言者口齿要清楚，声音要洪亮，发音要标准，语句要娴熟，语调要有宣传带动性。当发言结束时，主持人要引导与会人员鼓掌，这既是对发言者的尊重，也是为了营造庆典现场热烈欢快的气氛。

03

如何做好庆典的准备工作？

庆典要想达到既轰轰烈烈又有条不紊的效果，就必须做好预先的准备工作。庆典的准备工作，至少要包括出席者名单的确定、来宾的接待、环境的布置三部分。

◇确定出席者名单

庆典出席者的名单，应当与庆典的主题和内容相关联。

人员的具体名单一旦确定，就应尽早发出邀请或通知。鉴于庆典的出席人员较多，牵涉面较广，故不到万不得已，不应随意取消庆典或更改时间。

◇精心安排来宾接待工作

与一般交往活动中来宾的接待工作相比，接待出席庆典仪式的来宾时，更应突出礼仪性。最好的办法是庆典一经决定要举行，立即成立对此全权负责的筹备组。筹备组成员通常应当由各方面的专业人士组成，他们应该能办事、会办事、办实事。

筹备组应根据具体的需要，下设若干专项小组，负责礼宾、公关、财务、会务等方面的工作。其中负责礼宾工作的接待小组，原则上应由年轻干练、形象较好、口头表达能力和应变能力较强的人组成。

接待小组成员的具体工作有以下几项：

①来宾的迎送，即在举行庆典仪式的现场迎接或送别来宾。

②来宾的引导，即由专人负责为来宾带路，将其送到预定的地点。

③来宾的陪同，对于某些年事已高或非常重要的来宾，应安排专人始终陪同，以便照顾。

④来宾的招待，即指派专人为来宾送饮料、上点心以及提供其他方面的服务。

◇环境的布置

应当精心布置举行庆典仪式的现场。依据仪式礼仪的有关规范，人员在布置庆典的现场时，需要通盘思考的主要问题如下：

①地点的选择。在选择具体地点时，应结合庆典的规模、影响力以及本单位的实际情况来决定。

②环境的美化。为了烘托出热烈、隆重、喜庆的气氛，可在现场悬挂彩灯、彩带，张挂标明庆典具体内容的大型横幅及张贴一些宣传标语。如果有条件的话，还可以请由本单位员工组成的乐队、锣鼓队演奏乐曲或敲锣打鼓。

③设备的调试。在举行庆典之前，务必要把音响调试好，尤其是供来宾们讲话时使用的麦克风和传声设备。在庆典举行前后，播放一些喜庆、欢快的乐曲，而播放的乐曲也应提前审查。

04

庆典的一般程序是什么？

庆典的程序是非常重要的，一般来说，大致应包括下述几个环节：

①预备。请来宾就座，出席者保持安静，由主持人介绍嘉宾。

②宣布庆典开始。主持人宣布庆典正式开始，全体起立，奏国歌，若有单位之歌的可合唱本单位之歌。

③本单位主要负责人致辞。致辞的内容大体应该是：对来宾表示感谢；介绍此次庆典的缘由，重点应是报捷以及彰显庆典的可“庆”之处。

④邀请嘉宾讲话。大体上讲，出席庆典的上级领导、协作单位领导均应出代表讲话或致贺词。对外来的贺电、贺信等，可不必一一宣读，但对其署名单位应当宣读。在进行宣读时，可依照“先来后到”的顺序，或是按照署名单位名称的汉字笔画排列的顺序。

⑤安排文艺演出。这项可有可无，如果有此项，应当慎选演出内容，注意不要有悖于庆典的主题。

⑥邀请来宾参观。参观能够将成果更好地展现给来宾，方便与来宾的交流与互动。

在以上几项中，前三项必不可少，后几项则可以酌情省去。

05

出席庆典要注意哪些礼仪细节？

以单位庆典为例，相关人员在出席时，应当注意以下几点：

◇仪容要整洁

所有出席庆典的人员，事先都应洗澡、理发，男士还应刮光胡须，女士应化淡妆。无论如何，庆典时都不能蓬头垢面，否则，有损单位的形象。

◇服饰要规范

有统一式样制服的单位，应要求以制服作为本单位人员的庆典着装。无制服的单位，应规定出席庆典的本单位人员必须穿着礼仪性服装：男士应穿深色西装套装，配白衬衫、素色领带、黑皮鞋；女士应穿深色西装套裙，配肉色丝袜、黑色高跟鞋，或者穿深色的套裤或花色素雅的连衣裙。不允许在服饰方面放任自流，否则一场庄严隆重的庆典，就会变成一场万紫千红的服装“博览会”。

◇时间要遵守

遵守时间是基本的商务礼仪之一。对单位庆典的出席者而言，更不得小看这一问题。上到本单位的最高负责人，下到级别最低的员工，都不得姗姗来迟或中途退场。如果庆典的起止时间已有规定，则应当准时开始，准时结束。

◇表情要庄重

在庆典举行期间，不允许嬉皮笑脸或是愁眉苦脸，影响庆典的整体氛围。庆典全程，都要表情庄重、全神贯注、聚精会神。假若庆典中安排了升国旗、奏国歌的程序，一定要依礼行事：起立，脱帽，立正，面向国旗或主席台行注目礼，庄严肃穆地和大家一起唱国歌。此刻，不许不起立、不脱帽、不唱或乱唱国歌，更不能东张西望。在起立或坐下时，把座椅拖得乱响，或是在此期间走动、交头接耳，都被视为有损本单位形象的行为。

◇态度要友好

这里所说的态度主要是对来宾要友好。遇到了来宾，主办方人员要主动热情地问好。对来宾提出的问题，要立即予以友善的答复，不要围观、指点来宾，或是对来宾有敌意。当来宾在庆典上发言时，当主持人宣布宴请来宾时，要主动鼓掌表示感谢和欢迎。在鼓掌时，不要对来宾挑三拣四，不要“欺生”或是“杀熟”，即使个别来宾在庆典中表现得对主人不甚友善，也不应当场“仗势欺人”，或是非要跟对方讨一个说法，主办方人员都应当保持克制，不要有吹口哨、鼓倒掌、敲打桌椅、胡乱起哄等不良行为。不允许打断来宾的讲话，向其提出挑衅性问题，与其进行辩论，甚至对其进行人身攻击。

◇行为要自律

主办方人员有义务以自己的实际行动，确保庆典的顺利与成功，不能因为自己的举止失当，使来宾对庆典留下不良印象。在出席庆典时，主办方人员在举止行为方面应当注意的问题主要有以下几点：

①不要想来就来、想走就走，或在庆典举行期间到处乱走、乱转。

②不要找周围的人说悄悄话、开玩笑，或朝他人挤眉弄眼、做出夸张举动。

③不要有意无意地表现出对庆典毫无兴趣的样子，如玩手机、打瞌睡等。

④不要让他人觉得自己心不在焉，如探头探脑、东张西望、一再看手表，或向别人打听时间等。

第二章

学校庆典礼仪

06

开学典礼需要做哪些准备工作？

学校的开学典礼是新学期开始时举行的仪式，主要目的是回顾、总结上学期成绩，计划、安排本学期的工作，为新学期拉开序幕。

要想成功举办开学典礼，准备工作必须充分，否则既不符合礼仪规范要求，也难以实现预期的目的。开学典礼的准备工作主要分为以下三方面：

◇邀请人员

一般开学典礼除学校主要领导出席外，还应邀请教务、工会、团委、后勤等部门的负责人参加，特别隆重或具有重要意义的开学典礼，还应邀请上级有关部门的领导和校外知名人士参加。

◇布置会场

开学典礼的会场要清洁、整齐、美观，要适当地进行布置，有条件的可以摆些鲜花和盆景。最重要的是制作横幅，如“新学期开学典礼”“××××年新学年开学典礼”等，横幅标语要做到简洁明了。要安排好报告台和主席台座位，打印好参会主要人员名单，并调试好音响设备。

◇**确定主持人、报告人和发言人**

开学典礼要有专人主持，要提前拟定主报告人和发言人、发言内容。一般包括学校领导的报告、上级领导的致辞和有关方面代表人的发言等。

07

开学典礼的流程是什么？

开学典礼一般在开学后的第一周举行，主要内容为：升国旗，唱国歌；校长致辞，介绍学校的基本情况，布置新学年的工作，表彰上学年的先进学生和先进工作者等；颁奖；教师代表、学生代表、来宾代表发言等。

开学典礼的基本程序包括以下几个步骤：

①宣布典礼开始，全体肃立，升国旗，唱国歌。

②校长致辞。

③表彰仪式。

④教师代表发言。

⑤学生代表发言。

⑥来宾致辞。

⑦宣布开学典礼结束。

各个学校在开学典礼中，也可根据实际需要对上述程序进行调整。作为学生，在开学典礼上要以饱满的精神状态、规范的仪容仪表，展现新学期积极向上、文明有礼的精神风貌。

08

学生参加开学典礼有哪些礼仪要求？

开学典礼是学生入学或新学期开始后参加的第一项集体活动，因此，参加开学典礼的学生应格外注意遵守开学典礼的礼仪要求。

首先，负责迎宾的同学应仪容整洁、仪态端庄，身披礼仪绶带，在校门口及会场出入口迎送来宾和全校师生。

其次，没有承担典礼服务工作的同学，应统一身着校服、佩戴校徽（少先队员还应佩戴红领巾、共青团员应佩戴团徽），按班级列队入场，在指定位置就座，入场要迅速、安静，落座后也不要交头接耳、大声喧哗，要保证会场气氛庄严肃穆。奏国歌时，要听从主持人的指挥，原地起立，对国旗行注目礼。在典礼进行的过程中，要认真听讲，不要交头接耳，不要做与典礼无关的事情，不要随地吐痰、乱扔杂物，应保持会场的清洁卫生，认真听校长报告和其他人的发言，适时报以掌声，掌声应热烈而有节制。唱国歌、校歌和呼口号时声音要响亮。

最后，典礼结束后，应等领导、来宾以及教职员工离场后，再在主持人的指挥下按顺序离场。

09

在开学典礼上发言有哪些礼仪？

在开学典礼中，各类发言人讲话也有礼仪要求。

凡是上台发言的人，讲话前和讲话后均需向台下的听众和主席台上的领导问好，并适当表示一下感谢，或敬礼，或鞠躬。讲话时，眼睛尽量注视前方，用眼神与听众交流，切忌埋头读稿，头也不抬。发言时可用适当的体态语言，主要是眼神和手势，以此来辅助讲话的效果。发言的声音应响亮有力，吐字清晰，切忌讲话句读不分、结结巴巴，说了前一句，忘了后一句。

◇上级领导讲话礼仪

上级领导讲话时，应简洁清楚不啰唆。讲话内容为：首先祝贺学生进入了一个新的学习阶段，接着谈学习的重要意义，然后提出希望，最后预祝学生学业进步。

◇本校领导讲话礼仪

本校领导讲话时，应着重反映本校情况。学校领导介绍本校的校史、教职工及学生的人数、学校特色等，然后对学生提一些具体要求和希望，并祝学生学业进步。

◇**教师代表讲话礼仪**

教师代表讲话时，主要是代表全校教职员工对新生表示热烈的欢迎和祝贺，然后谈谈教学的有关情况，介绍一些学习方法，对学生提出学习上的要求和期望。

◇**学生代表讲话礼仪**

学生代表讲话时，主要是代表全体新生表达对领导、老师的期望、感谢，然后说明自己很荣幸能在学校里读书学习，努力以最好的成绩回报学校。

10

毕业典礼有哪些流程规范？

学生完成小学、初中、高中、大学或某一专业的学习任务，离开学校前，学校都会举行毕业典礼。毕业典礼是学校为毕业生举行的隆重的庆祝仪式，是学校对学生进行教育的最后环节。通过毕业典礼，毕业生可以牢记学校老师的期望和嘱托，信心百倍地投入到新的学习或工作中去。隆重的毕业典礼是对莘莘学子的一种嘉奖和鼓励。

◇毕业典礼的程序规范

毕业典礼一般都要邀请教育行政部门的领导参加。毕业典礼的准备工作与开学典礼的准备工作基本相同，主要程序有唱国歌、校长致辞、教师代表和毕业生代表讲话等。

①毕业典礼开始，全体立正。

②鸣炮、奏唱国歌。奏唱完国歌，全体人员落座。

③校长致辞。

④表彰仪式。

⑤颁发毕业证书。毕业典礼上的一项重要内容是由校长给每位学生颁发毕业证书。作为毕业生，上台领证书时，一定要先鞠躬，握手，双手接过证书，然后合影留念。整个过程要做到谦虚有度，落落大方。

⑥教师代表讲话。主要总结毕业班学生成绩，鼓励毕业生在新的阶段努力学习和工作，奉献社会，为母校争光。

⑦毕业生代表发言。一般来说，首先对学校领导、教职员工的教育培养表示谢意，然后表示决心，即毕业后进入高一级学校学习或步入工作岗位后，如何认真学习，努力工作，以优异的成绩回报母校，为母校争光。

⑧在校生代表发言。主要是欢送学长们毕业离校，祝福他们顺利升入新的学府或走上工作岗位，倡导在校学生发扬毕业生的光荣传统和优良作风，努力学习，用更好的成绩回报母校。

⑨宣布毕业典礼结束。

11

师生参加毕业典礼有哪些礼仪要求？

无论是毕业生还是教师，在参加毕业典礼时都有一定的礼仪要求，都应自觉遵守礼仪规范。

◇毕业生参加毕业典礼的礼仪要求

毕业生应身着校服（有条件的可穿毕业生礼服）、佩戴校徽，按班级在主席台下就座。

参加毕业典礼的毕业生在听取发言时应专注，要适时适度鼓掌，以表示感谢或认同。在领取毕业证书时，毕业生要依次上台，稳步走上前，双手接过毕业证书并向颁证者鞠躬致谢；接证后应转身向台下各位点头致意，然后稳步走下主席台。颁证过程中，台下的同学应和着欢乐的乐曲有节奏地鼓掌。在典礼结束后，毕业生不必立即离开会场，应手持毕业证书互相祝贺，向老师表示感谢，向家长表示感谢，还可以拍照留念。

毕业生要严格遵守会场纪律，切不可因为即将离开学校就随随便便、无所顾忌，破坏良好的会场秩序，要以严肃、认真的态度参加毕业典礼，给母校留下美好的回忆。

◇**教师参加毕业典礼的礼仪要求**

教师参加毕业典礼时，应注意以下两个方面：

①要着装整洁，按时到场。教师应注重自己的着装，既要显得庄重，又要带有喜庆色彩，不可太随便。如有的教师穿汗衫、短裤，与会场的气氛极不相称。另外，出席这样的活动，不能迟到，一定要按规定时间到场。

②要态度诚挚，积极发言。毕业班的学生已与老师建立起比较深厚的感情，毕业时再次聆听老师的谆谆教诲，将会使他们受到鼓舞，获得力量。因此，教师要满怀热忱，踊跃发言，而不要采取置之不理、无所谓的态度。

12

如何做好校庆典礼的准备工作？

校庆是为了庆祝建校若干周年而举行的盛大的庆祝活动，是学校系统特有的活动。为了使校庆工作有条不紊地进行，必须按礼仪规范做好准备工作。

◇成立校庆领导班子

校庆领导班子一般称校庆筹备委员会，下设办公室，负责校庆的具体日常事务。

◇联系校友

①通过报纸、电视、新媒体通告校庆的具体事宜，联系校友。

②通过书信（告校友书）联系校友。

③通过校友总会和分会，联系校友。目的是沟通情感，加强了解，可以编写校友通信录。校友通信录主要包括姓名、年龄、现在工作单位、详细通信地址、邮政编码、电话号码等项目。联系校友后再确定参加校庆的校友，并寄发邀请书。

◇编写校史

校史的主要内容有以下方面：

①学校的历史沿革。

②学校的组织机构。

③学校历届领导班子成员。

④教学及其改革。

⑤教师队伍建设。

⑥历届招生及毕业生人数。

⑦教学科研成果。

⑧党团工会和社团组织。

⑨学校办校的基本经验。

⑩历任教师名录。

⑪大事记。

◇布置庆典会场

庆典前一定要布置好会场，写好会标，准备好座位和茶水。主席台上要为领导和嘉宾安排好座位，主席台前可放置一些鲜花，悬挂一些大红灯笼，同时应做好音响、摄影设备的调试准备。

◇接待校友和来宾

接待工作非常重要，要成立接待组，负责校友和来宾的接待和食宿安排。接待要热情、周到，使校友感受到亲切和温暖。

◇组织好座谈会、讨论会和报告会

为了使庆典活动丰富多彩，学校可组织校友进行座谈，使校友相互认识，相互交流，增进友谊，加强联系，也可请校友做学术报告、优秀事迹报告，进行成才经验座谈。

13

校庆典礼有哪些基本环节？

校庆典礼的主要环节包括：校长致辞，宣读领导及其他单位贺词；教师、学生、校友、来宾代表讲话等。校庆典礼结束后一般有文艺节目表演。

校庆典礼的基本程序如下：

①宣布典礼开始，全体肃立，奏唱国歌。与此同时，先升国旗，再升校旗，有条件的可放信鸽或彩色气球。

②校长致辞。

③祝贺单位代表致贺词。

④教师代表发言。

⑤学生代表发言。

⑥校友代表发言。

⑦来宾自由发言。

⑧宣布校庆典礼结束。

14

校庆典礼中各方人员发言有哪些礼仪要求？

要保证校庆典礼的顺利进行，须按相关礼仪程序要求有序进行。在校庆典礼的庆祝活动中，相关各类人员的讲话也有着相应的礼仪要求。

◇校长致辞礼仪

在致辞中应首先向到会的各位领导和各方嘉宾致谢，同时对学校历史进行简要回顾，对多年来本校的培育成果、教学成功经验和出色业绩进行概述，最后对学校未来发展提出展望，对全校师生提出殷切希望。校长讲话切忌埋头读稿，应注意与听众进行交流。

◇祝贺单位代表致辞礼仪

祝贺单位代表，包括上级单位领导、友邻单位领导或嘉宾代表。在致辞中首先应祝贺学校的校庆，然后可以提出期望，预祝该校未来取得更大的成就。祝贺单位代表致辞时应清晰简洁，不要讲无关主题的事情，尽量脱稿讲话，以增强发言效果。

◇教师代表发言礼仪

教师代表在校庆典礼上的发言，应充满感情，热情洋溢，结合自身的实际畅谈学校走过的历程与取得的成就，最后应代表全校教职员工表态，展示对学校未来发展的信心。整个发言应简洁有力、吐字清晰、声音洪亮，内容应具有振奋人心的号召作用。

◇学生代表发言礼仪

学生代表发言，首先应对学校和教师表达感恩之情，对自己和广大同学在本校读书的收获进行总结，并代表广大同学表示好好学习、以优异成绩为学校增光的信心和决心。学生代表讲话应有礼有力，切忌紧张和埋头读稿。

◇来宾发言礼仪

校庆典礼的来宾，主要是指本校历届校友的代表。来宾发言应简洁明了，切忌冗长或啰唆，应以清晰明确的语言表达对母校、对老师的感谢与祝愿。

15

参加校庆典礼需要遵守哪些礼仪规范？

校庆典礼一般会广邀该校历届毕业生参加。各类人员在参加校庆典礼时，应遵守以下礼仪规范：

◇衣着正规整洁

参加校庆典礼的人员应衣着整洁美观。全体教职工、学生都要佩戴校徽和学校发放的具有校庆统一标识的领带或丝巾。

◇行为文明得体

参加校庆典礼的各类人员应举止稳重、端庄，语言热情。做到不在公众场合吸烟，保持饱满的情绪和积极向上的态度。不做与典礼无关的事情。与来宾相遇时致意问候。

◇遵守会场纪律

按规定时间入场，遵守会场纪律。不迟到，不提前离场；不在场内随意走动、讲话；端正坐姿，不打瞌睡。

◇**礼宾服务热情有礼**

在校学生在校庆典礼中的一项重要工作即是做礼宾服务，应统一着装，保持良好的精神面貌，对所有来宾都应热情有礼。负责迎宾任务的学生要身披迎宾绶带，面带微笑，恭迎来宾；负责引导任务的学生要谦恭有礼、热情周到；负责接待任务的学生应有礼貌地对来宾进行登记。没有参加服务工作的学生要遵守纪律、服从指挥，也可主动协助做引导、接待工作。

对老校友，应帮他们在事先准备好的胸牌上填上毕业届次和姓名，并帮他们佩戴在胸前，以免久别重逢的校友叫不出对方姓名；对其他来宾，应备好笔墨并请他们在纪念册上签到或题词。来宾到场的情况还要及时向相关负责人通报。

16

学生参加成人仪式有什么重要意义？

成年礼是为具有进入社会的能力和资格的年轻人举行的人生礼仪，是一个人走向社会的一道必不可少的程序。一个人，当他经历漫长的成长过程，逐渐走向成熟，脱离了亲人的养育、监护，承担起了社会所赋予的义务的时候，人们要举行一系列的仪式，来纪念当事人由不成熟走向成熟，这种仪式就是成年礼。成年礼是人生礼仪中最为重要，并且具有多重意义的礼仪，是一种普遍存在的文化现象。

古时男子二十成人，举行冠礼，而现在把十八岁作为成人的标志。高中的绝大多数学生即将跨越十八岁的门槛，学校或其他社会团体为他们举办庄严的成人仪式，以祝贺他们的成长。在成人仪式上，学生将展示自己的青春和力量，明确自己的责任与志向，从此以后，以成年人的标准来严格要求自己。

每年都有大批的学生踊跃参加这项活动，在青春岁月里留下了难忘的一刻。十六岁至十八岁是成人预备期，是一个人从未成年向成年转变，世界观、人生观和价值观初步形成的关键阶段，有的教育家称之为人的“第二次诞生”。按照我国宪法和法律的有关规定，公民年满十八岁则意味着步入成年，将依法享有选举权和被选举权，依法承担公民义务。

成人仪式教育主要包括十六岁成人意识教育、十七岁成人预备期青年志愿者活动和十八岁成人宣誓仪式三个环节。

成人意识教育主要是利用年满十六岁领取居民身份证的契机，通过开设公民教育课、法制课等形式，使青少年掌握宪法和法律的有关知识，懂得公民应具有的权利和义务，从而培养青年的法律意识、道德意识、人格意识、社交和家庭意识、创造意识、责任意识等内容。

成人预备期青年志愿者活动主要是组织十七岁青少年参加一定时量的社会公益劳动，使他们在服务社会的实践中增强对国家、社会、家庭的责任感，培养履行公民义务的意识和能力。

成人宣誓仪式是组织年满十八岁的青年举行面对国旗宣誓的仪式，地点一般选在具有纪念意义的地方。

三个环节有机联系，构成完整的成人仪式。

17

举办成人宣誓仪式有哪些礼仪规范？

举行成人宣誓仪式的地点可以是当地举行重要政治活动的场馆或具有纪念意义的历史遗迹和遗址等。成人宣誓仪式必须按照规定的程序进行，使用统一的誓词、标志。举行宣誓仪式的时间，原则上安排在“国家宪法日”（12 月 4 日）举行，各地也可根据实际情况，安排在“五四”青年节或当地确定的“成人节”“成人宣誓日”举行。

根据共青团中央印发《全国中学生 18 岁成人仪式规范（试行）》，成人宣誓仪式的基本程序如下：

①升国旗、奏唱国歌。

②学习习近平总书记对青年的寄语（如，习近平总书记在党的十九大报告中的相关讲话内容）。

③师长代表致辞（可由上级团组织领导、校领导、知名校友或教师代表阐明成人仪式的意义，对参加学生提出希望和要求）。

④家长代表致辞（回顾孩子成长经历，表达美好祝愿）。

⑤师长、家长为参加学生佩戴成人帽或成人纪念章，赠送《中华人民共和国宪法》。

⑥参加学生向师长、家长鞠躬行感恩礼。

⑦参加学生代表发言，表达感恩之情、承诺成人责任、展望青春梦想。

⑧参加学生朗诵经典（可选用《少年中国说》或《青春》等经典文章相关内容）。

⑨参加学生面向国旗庄严宣誓。

⑩奏放团歌旋律，参礼学生迈过成人门。

参加成人宣誓的同学要态度严肃，要保证仪式气氛庄重。宣誓时，要精神饱满，态度严肃，随领誓人齐声宣读，声音洪亮而有力。誓词如下：

领誓人（一般为团组织负责人或学生团员代表）：请宣誓人举起右手。

“我是中华人民共和国公民。我将遵守宪法和法律，拥护中国共产党的领导，正确行使权利，忠实履行义务，弘扬社会道德，爱国、励志、求真、力行，做有理想、有本领、有担当的好青年，努力成为中国特色社会主义合格建设者和可靠接班人。

领誓人：×××（宣誓人：×××）”

18

参加成人仪式有哪些礼仪规范？

从举行成人仪式这一天起，少年就迈入成人的行列。在仪式过程中，更要严格遵守各种礼仪规范。

◇身着正装

成人仪式是一项庄重而神圣的典礼，因此对着装的要求十分严格。无论是参加成人仪式的学生，还是家长和老师，都必须身着正装出席。

◇准备礼物

在成人仪式上，父母要送给孩子精心准备的礼物。父母的礼物寄托和表达了对孩子殷切的期望和祝福。同样，孩子最好也为父母准备一封信或者精心准备的其他礼物，在仪式上或仪式之后交给父母。

◇严守礼仪

首先，要守时，不能迟到；其次，要保持会场的庄重神圣，不能嬉笑打闹、大声喧哗；再次，接受师长的礼物要表示感谢，先是鞠躬，然后握手，最后与师长并排站在一起合影留念。

第三章

家庭庆典礼仪

19

给老人庆祝生日需要做哪些准备？

祝寿活动由来已久，是我国民间敬老孝亲美德的体现。通常父母到了五十岁之后，子媳应邀请至亲好友，设宴庆寿。

过生日与祝寿，按字义上说没有什么分别，但实际上却大不相同，年轻人三十岁以下不能称“寿”，许多人在五十岁以前只在家里独自过生日。到了五十岁以后，家中的子女或亲戚朋友就会为他们祝贺寿辰。民间一般是为五十周岁及五十周岁以上的长辈，逢整十的生日举办庆寿活动，八十、九十更应好好祝寿。在做寿时间选择上，有的地方讲究“过九不过十”，比如六十岁、七十岁大寿，要在五十九岁、六十九岁这年提前庆祝。

应该说，祝寿是家庭中的大事，不管老人愿不愿意，为人子女的都要尽到孝顺之心。有一些家庭不够和睦，两代人中间有这样那样的矛盾，通过祝寿可化解矛盾、调整情绪，使家庭和睦起来。

庆寿发起者需要邀请亲朋好友参加庆寿活动，并发出寿柬。庆寿柬帖与其他喜庆柬帖不同，通常都是由子孙或亲友具名的，不由寿星自己具名。寿柬的格式和写法除了按请柬要求外，还有固定的用语，如父亲称“家严”，母亲称“家慈”，男子生日称“悬弧之庆”，女子生日称“设帨之辰”。如为父亲做寿，儿子自称“承庆子”，若祖父母尚在，则自称“重庆子”。寿柬的排版有横排或竖排两种。

寿堂的布置，一般在正厅墙壁中间挂一幅红底金字的大寿字。有些地方男寿挂南极仙翁，女寿挂瑶池王母，也有的不论男女都挂八仙庆寿图、三星图等象征高寿的画轴。寿堂正中设礼桌，上摆寿桃、寿糕、寿面、香花、水果等。寿翁或寿婆上坐，子媳晚辈鞠躬致敬。如系亲友、团体发起的祝寿，大多租用公共场所的礼堂。

给父母祝寿要注重实际。给老人添置衣服、被褥、鞋、帽，要让老人穿戴得舒适。对生病的老人要特别照顾，及时治疗，买些滋补品或治慢性病的良药作寿礼。在家里宴请至亲好友，要先照顾老人的口味和爱好。如果老人要安静，不愿张扬和应酬太多，子女、媳妇、女婿应顺其意，聊表祝寿心意即可，不一定要请客办寿宴。

20

给老人祝寿有怎样的流程？

祝寿无固定的仪式，通常请寿星出堂受贺，儿女子孙面对寿星站成两排，行三鞠躬礼。德行显赫的长辈前来祝寿，可由主持人代表众人致答谢词。有的寿星“避寿”，只让子侄辈在礼堂答礼，表示谦虚，意思是不敢远劳亲友祝贺，也有的是因寿星不喜喧闹，借故偷闲，由子侄、学生去应酬。

子女为老人祝寿应当面祝贺，受邀参加庆寿活动的亲戚、朋友，应尽量参加老人的寿宴。老人寿辰时，他们在乎的不是你送什么礼物，而是自己的子孙儿女或亲戚朋友能不能都围在自己的身边。所以，即使你不喜欢这样的场合，或者没有礼物送给他们，也应该尽可能参加，让老人的心中感到安慰，那些连电话都不打的人显然是做得不好的。

举行祝寿礼仪，过去一般是同辈抱拳打躬，晚辈鞠躬，儿孙辈行跪拜礼。现在，同辈一般改为握手，晚辈或儿孙辈也只需鞠躬就行了。

古时寿庆仪式比较讲究，大致有以下程序：

①桌上摆寿酒、寿鱼、寿面、寿桃等。

②请老寿星就位，点寿蜡。

③先请外家爷给老寿星披红搭彩，再请儿子、女儿、侄子、侄女、外甥、外甥女等晚辈及寿星好友给老寿星披红搭彩。

④致祝寿词、致答谢词。

⑤儿子儿媳给老寿星拜寿，行三鞠躬礼，敬寿酒。

⑥女儿、女婿、侄子、侄女、外甥、外甥女给老寿星拜寿，行三鞠躬礼，敬寿酒。

⑦邻里代表给老寿星祝寿，行鞠躬礼，敬寿酒。

⑧孙子、孙女、外孙、外孙女给老寿星拜寿，行三叩头大礼，敬寿糕。

⑨请老寿星撒金果、元宝。

⑩祝寿仪式结束，请各位宾客入座，准备开宴。

在寿庆宴席上，有两项内容一般是必不可少的：一是要由寿星吹生日蛋糕上的蜡烛，然后分吃蛋糕；二是要吃面条，以讨长寿的口彩。

21

参加老人寿宴有哪些礼仪要求？

庆祝老人的寿辰，显然与举办自己的生日聚会或者参加朋友的生日聚会不一样，参加者需要注意一些礼仪要求。

◇穿着有讲究

参加祝寿活动的服饰宜选用色调明快、含有吉庆之意的红、黄等颜色，切忌穿全黑、全白的服装，也忌穿黑白相配的服装。参加老人寿宴的时候，也不要穿得过于夸张、个性。

◇祝寿之词要说得恰当

当需要说一些祝福的话时，要尽可能地大方自然，说的话可以简短，但是一定要吉利，要说一些老人喜欢听的。相信每一位老人听了“健康长寿”“寿比南山”之类的词都会很高兴。

◇精心选好寿礼

寿礼一般可选包装精美、做工精细、含有祝贺健康长寿、吉祥如意等意思的食品或物品，如寿糕、寿联、寿匾之类。寿诞前一晚，亲人要把礼品送来，参加祝寿活动。

寿礼不要追求豪华昂贵，可以是自己亲手制作的，也可以是自己省下一些零花钱买的。只要能代表你的心意，哪怕是再简单不过的一件小东西，也能讨得老人的欢心。

22

怎样向寿星致祝寿辞？

为老人庆寿能体现出中国式大家庭中那份特有的血缘之情和浓郁的姻亲之情，为了使祝寿场面隆重热烈，充满温馨气氛，以下是以不同身份作的祝寿辞，可供参考：

◇儿女给母亲的祝寿辞

今天是老母亲八十大寿。母亲的养育之恩，儿子（女儿）没齿不忘。您用母爱哺育了我的躯体和魂魄，您的乳汁是我生命的源泉，您的眼里长系着我生命的希冀。值此母亲寿辰，敬祝您健康如意，福乐绵绵。

◇儿女给父亲的祝寿辞

今天是爸爸的六十寿辰。首先，我代表爸爸及全家，对前来祝寿的各位亲朋好友表示热烈的欢迎和深深的谢意。

父母的爱是崇高的，我从爸爸身上，深刻地体会到这种只给予、不求回报的无私的爱。爸爸含辛茹苦地把我们兄妹拉扯大并供养我们上了大学，这份养育之恩，我们兄妹终生难忘。虽说平时我们也尽了孝道，但由于各自工作繁忙，仍心有愧疚。今天给爸爸过六十寿辰，也是我们做儿女的共同心愿。

值此春回大地、万象更新的良辰，我们衷心祝福爸爸福、禄、寿三星高照，吉祥如意。现在我提议，让我们共同举杯，祝爸爸健康长寿，大吉大利，干杯！

◇学生祝词

我不是您最出色的学生，而您却是我最尊敬的老师，在您寿辰之际，我要把一份崇高的敬意献给您。在人生的十字路口，是您向我伸出了热情的手。那手是路标，让我在彷徨中坚定，从迷茫中清醒。一颗不被注意的心，往往是最需要阳光的。老师啊，您那温暖的大手，曾多少次抚慰过我的心。您的爱，您的情，我会珍惜、珍藏，直到永远、永远……尊敬的老师，祝您福如东海，寿比南山，桃李满园！

23

如何给寿星赠送礼物？

给自己的长辈、老师、亲朋祝寿，需要送上一份礼物，这是千百年来的习俗，当今时代也不例外。

祝寿礼物可分为以下几种：

◇送红包

在给寿星庆生的当天送礼金，仍是很好的庆贺礼节，钱不在多，重在双数吉利。

◇送物品

祝寿礼品要突出祝寿主题。最好是根据寿星的需要和爱好送礼，如年迈或身体欠佳的老人，可以送滋补药品、滋补食品、手杖等。也可以送衣服、衣料作为寿礼。在送衣服时，过去很多地方的传统习惯是要送丝绸衣服，寓意着长寿绵绵，如同抽不断的蚕丝一般。对爱好钓鱼的老人，送上钓竿等成套工具。除祝贺类的礼物，有人还为寿星买些方便生活的物品。有些地方给寿星送玉制小佩件，上面雕刻吉祥图案，有蝙蝠、龙、虎以及刻有福禄寿字形的图案，还有以十二生肖为内容的图案，此外还可以送观音、如来、弥勒等佛像，用来祈求平安吉祥。

在送寿礼时，尽量用红色或彩色纸张、绸缎包装好，外面还要写上贺词，如“寿比南山”“人寿年丰”“康乐益寿”“福高寿永”之类的祝福语。

◇送喜庆礼品

有人给寿星送上花篮或鲜花，用以增加寿礼的气氛。鲜花送长寿花或万年青，长寿花象征健康长寿，万年青象征永葆青春。花枝数以“九”为宜，因为九是阳数，象征天长地久。有人利用大众媒体赠送“空中礼物”，先是利用广播、电视等大众传播媒介为寿星点歌，后又点播戏剧、小品、相声等。有人寄送贺卡，把真情寓于其中。这些饱含真情的礼品都能使寿星喜出望外。

24

我国有哪些适宜祝寿的传统礼品？

按照我国的传统，祝寿礼品有很多种。下面着重介绍一下寿幛、寿屏、寿蜡、百寿图、福禄寿图等。

◇寿幛

寿幛是在我国运用得非常广泛的一种祝寿礼物，后来已成为布置寿堂时必备的一种装饰。一般是在整幅或大幅的布帛上写上吉祥的祝语贺词，表示祝贺寿辰。所用的布帛一般为红色或金色。

◇寿屏

寿屏是用作祝寿礼物的书画条幅，上面题写吉语贺词或画上八仙、寿星之类内容。寿屏有两种：一种为四条幅、六条幅或八条幅，联列成组，便于挂在墙上；另一种是雕刻或镶嵌的祝寿用座屏或插屏，便于陈设在几案之上。

◇寿蜡

寿蜡即寿礼专用的蜡烛，一般为红色，长约 30 厘米，重约 0.5 千克，蜡烛上印有金色“寿”字或“福如东海”“寿比南山”一类吉祥祝福语。

举行寿礼时放在寿堂香案的蜡扦上，放置寿蜡的数量各地不等。寿礼开始时点燃寿蜡，既有祝贺的意思，又能增添欢乐喜庆的气氛。

◇百寿图

百寿图是一种专用于祝寿的礼品，既可以用于寿幛，也可以用于寿屏。基本形式为：在一个大“寿”字的笔画中，布满一百个字体各不相同的小“寿”字。

◇福禄寿图

“福禄寿”是传统“五福”概念进一步集中和浓缩的产物，它们代表了世俗社会的基本追求。因此，以“福禄寿”为题材的图画，也就成了祝寿庆典上最常见的物品。不但自家寿堂大多悬挂此图，许多来宾也大多敬献此图。画面通常是一个和蔼可亲的老寿星，持杖牵鹿，杖头挂葫芦或仙桃，也可以手捧仙桃，身旁有几只飞舞的蝙蝠。蝙蝠、鹿（或葫芦）和寿星仙桃，分别寓意福、禄、寿。有些地方的福禄寿图，还在寿星身后画上一个正翘首仰望蝙蝠飞来的小童，这叫作“翘盼福音”，充分体现出人们对幸福长寿的渴望。

◇寿山福海图

寿山福海图常作为家人为老人祝寿时悬挂于寿堂的礼物，亲友贺寿也常赠此图。图案大体为巨大的岩石兀立于大海之中，天空有飞来的蝙蝠。岩石代表山，蝙蝠寓意福，整个画面寓意“福如东海，寿比南山”。

◇松鹤长寿图

白鹤多栖息在沼泽地，并不会停留在松树上。但在祈求长寿愿望的驱动之下，人们大胆地突破了自然的限制，把松和鹤摆到了一起，用来作为长寿的象征。在画面处理上，一般是画一株挺拔苍翠的青松，树上或树旁画上一只美丽的白鹤，背景为白云、远山、太阳，画面题款多为“松鹤延年”或“松鹤遐龄”。

25

如何增添祝寿的文化内涵？

利用对联、诗词、散文、绘画，还有寿匾、寿屏和寿幛等为寿星祝寿是我国源远流长的祝寿习俗，当代仍在流行。既可烘托祝寿的气氛，也可对寿星的心理健康起到积极的作用。在祝寿活动结束之后，一般会将贺联、贺诗、散文等辑集成一册，作为重要的纪念品，保存和流传下去。

◇祝寿楹联的撰写格式

祝寿楹联，其内容多是称颂寿者之功德，评价寿者之业绩，并祝寿者健康长寿。但要根据不同的对象选用不同的联句或通用联句。

祝寿楹联有“纪岁寿联”，即按照“寿星”的年龄，书写相应的贺词，如五十寿联、六十寿联、七十寿联、八十寿联、九十寿联、百岁寿联等。有男寿联，也就是专用于为男性祝寿的对联，此中也有“纪岁寿联”；有女寿联，也就是专用于为女性祝寿的对联，此中同样有“纪岁寿联”；有男女分月寿联，即根据在不同的月份祝寿而写作不同的对联；有双寿联，即为老夫老妻二人共同祝寿的寿联。编写祝寿对联是根据情况而论，情况不同，祝语的称谓、措辞、用典等也有所区别。

①四字联

名高北斗　寿比南山

如松如鹤　多寿多福

幸逢盛世　乐享遐龄

人歌上寿　天与遐龄

②五字联

寿添沧海日　松祝晓春天

瑶池春不老　寿域日方长

松柏老而健　芝兰清且香

③六字联

乃武乃文乃寿　如梅如竹如松

极天地而永寿　与日月兮齐光

笑指南山作颂　喜倾北海为樽

④七字联

福如东海长流水　寿比南山不老松

福星高照满庭庆　寿诞生辉合家欢

⑤八字联

桃李增华坐帐无鹤　琴书做伴支床有龟

花放水仙夫妻偕老　图呈王母庚婺双辉

⑥双寿用联用语

双影今宵月光照　齐眉此日秋色分

二老承欢年养志　群芳献寿杏争春

⑦寿联横批用语

青松不老　有寿有福　德高望重　福宏寿长

志壮年高　鹤算添筹　全福全寿　海屋添筹

撰拟寿联，必须分清对象，确立主旨，选用恰当的词句。寿联多用成语、典故、专名，但在使用时，必须先了解其含义，如祝六十岁寿用“花甲”，祝七十岁寿用“古稀”等，不可随便使用。

◇寿幛的撰写格式

寿幛有直式与横式之分，不论直式与横式，皆采用长方形。寿幛的撰写，应考虑到寿者的身份、年龄、职业等因素，用语多为赞颂性或祝福性的。寿幛用字简短，有一个字的，如“寿”字，有四个字的，如“寿比南山”，通常以四个字为多。

寿幛题词为四字的，在四字当中，有一定的平仄声规律。大概是：以平声开始，必以仄声收尾；仄声开始，平声收尾。这就是通常所说的“平起仄收，仄起平收”。

①通用寿幛用语

庆衍古稀　呈辉南极　春云霭瑞　兰桂齐芳

志壮年高　双寿无边　萱草长春　寿衍千秋

康乐宜年　偕老齐眉　鹤发童颜　老当益壮

②男寿寿幛用语

寿比南山　柏松同春　南极星耀　寿庆古稀

日永椿庭　寿山福江　寿如日升　鹤寿延年

寿富康宁　宏德必寿　既寿而康　蓬壶春到

③女寿寿幛用语

寿母宜家　瑶岛春驻　慈竹长茂　萱荣堂北

瑶池春永　婺彩星辉　懿德增寿　寿征坤德

寿添萱禄　金萱花灿　宝婺呈辉　萱阁春永

◇祝寿诗的创作要求

赋诗祝寿，对于移风易俗和文化发展，都有十分积极的意义。为朋友

26

一般的生日宴会都有怎样的流程？

年长者的生日庆典叫“做寿”，年少者的生日庆典叫“过生日”。以下介绍年少者的庆生礼仪。

◇生日宴会的流程

过生日的时候，中国人不免邀上三五好友或者宴请宾客一同庆贺，这样就形成了非正式或者正式的生日宴会。正式的生日宴会流程，主要有五个部分：

①开场白。由主持人宣布宴会开始，介绍到场的来宾、聚会的目的。

②主持人介绍寿星登场，寿星致辞。

③来宾代表或者亲友祝贺。

④推出蛋糕，点燃蜡烛，寿星许愿并熄灭。

⑤寿星致谢词。

相对于正式的生日宴会，更常见的是非正式的生日聚会。一般非正式的生日宴会，没有特定的步骤和程序，最重要的就是主客同乐。

◇调动生日宴会气氛的方法

氛围这两个字看似简单，但是对于宴会却是最难掌控的。生日宴会不同于其他宴会，它是以给寿星祝寿或过生日为目的，更强调的是主客同乐，愉快轻松。

作为生日宴会的主持人要懂得运用幽默的语言来调节气氛，主持用词不要过于正式严肃，要适用于场合，也可以讲些小笑话，博得主客一乐。但是笑话不要低俗或者让人难堪，以免适得其反，让人不舒服。

游戏和歌曲的选择也是活跃气氛时必须要注意的细节。以歌曲为例，既然是生日宴会，所选择的歌曲应该符合祝寿的主题，或者体现美好愿景。节奏应该欢快、愉悦，不能选择那些曲调悲伤、让人心生感伤的曲子。如果错选了歌曲，可能不但没起到助兴的作用，反而弄巧成拙，使宴会的气氛变得尴尬，让主人或者客人难堪。

游戏的选择也要格外注意，所玩的游戏最好参与人数不要过多，否则易造成场面混乱。所选的游戏，最好也是应景的，像丢蛋糕、抹奶油一类的游戏就不适合，应该尽量避免。

27

—

庆贺婴儿出生有哪些仪式？

◇出生纪念

现在，大多数父母在婴儿刚刚落地时，就请摄影师给婴儿摄影，之后，孩子过“满月”“周岁”，多是到照相馆或亲自给孩子拍张纪念照，并在照片上题上纪念的字句；也有的父母将婴儿的出生庆贺仪式录成视频留念；还有的用婴儿的胎发制成毛笔；也有亲人送定制的纪念金币，印有婴儿的出生日期和生肖图案。这些都是送给孩子的出生纪念礼品，为了给孩子留下终生难忘的纪念。

我国有些地方还在传承传统的以种树作为出生纪念的习俗，如湘西南地区不论是生男生女，其父在婴儿落地时，要在屋前后栽树十棵。湘西土家族的婴儿假若出生在春季，其父要去后山栽十来棵椿树苗，期望孩子同椿树一样，迎着风雨，茁壮成长。婴儿出生期若在夏秋季，主人就得在当年冬季或次年春季补栽椿树。

浙江余杭一带每当生下一个孩子，其父就要在院头地角种植一棵枇杷树，称为“同龄树”。这树因是给孩子的出生纪念礼物，故种植后要加以精心培育和管理，力求茁壮成长，使得这类同龄树都种一棵活一棵，棵棵枝繁叶茂，果实累累。

种树的出生纪念习俗是值得当代提倡和推广的，因为这有利于植树造林和育人。人们在培养孩子的同时，也培育与孩子一同落地的纪念树，让小树伴随孩子一起成长，从小培养孩子爱护树木的感情。若干年后，树成材了，人也成才了，或者树已成材，人并未成才，去看看这棵树，将成材与成才联系起来思考，也许会对人起到教育和启示的作用。

◇三朝礼

三朝礼，是婴儿出生后的第三天所举行的仪式。古时三朝被视为尊贵、吉祥、神圣的象征，所以三朝礼安排在出生后的第三天举行。旧时的三朝礼，是必行之大礼，流行很广，它既是家庭庆贺添丁进口的仪式，也是标志新生儿脱离母体降生人世的象征性仪式。

当代城市大多数孕妇在医院分娩，并要在医院住几天，婴儿不能回家行三朝礼。但受传统的影响，在婴儿出生后的第三天，婴儿父母的至亲好友会去探望婴儿，一方面带一些礼物送给孩子，另一方面带一些滋补品给产妇补养身体。

送礼者主要是婴儿的外婆家、叔伯姑姑、舅舅姨娘等。礼物一般是婴儿周岁内所用的衣、帽、抱裙、斗篷、尿布以及推车、小床等。食品一般送的是红糖、鸡蛋、酒酿、小米粥、姜茶、鲫鱼汤、白煮蹄膀等，既可补养产妇身体，又有利于产妇下乳汁。

还有“洗三”仪式，即为婴儿沐浴，边用水洗，边口念祝福词，使得这个传统的贺生日子也显得喜庆大方。

“洗三”在我国流行很早，目前所知最早的“洗三”的名人是唐代的杨贵妃，苏东坡有“况闻万里孙，已报三日浴”的诗句。一般的做法是用具有某种保健性质或祈吉意义的药草煮水浴儿，如用桃树根、李树根、梅树根各二两，用水煎煮，去渣浴儿的，认为这样能去不祥，终生无疮疥。有用姜葱等煮水浴儿，葱取“聪明”之意，姜与“强”音近，取孩子强壮之意。“洗三”

不仅在汉族地区流行，也在一些少数民族地区流行。

有的地方还流行“开奶”仪式，此仪式是要让婴儿开始吃母亲的奶时，先从吃苦开始，认为婴儿以后才能顺利地吃其他好吃的东西。开奶仪式蕴含着朴素的思想认识，认为人生的幸福生活要靠艰苦劳动和奋斗才能获得，从这个意义上说，这一警策性的仪式在今天可以提醒父母加强对孩子先苦后甜的思想教育。

◇给婴做九

做九，是婴儿来到世间的第一个盛大节日。母婴平安到了第九天，相当于顺利闯过第一关，实在可喜可贺，于是亲朋庆贺，摆宴做九。郑州城乡一直盛行此俗。做九不一定非要放在第九天，也可以是第十天或第十二天，以便选择一个吉利日子。

定了日子，亲戚朋友都要备礼前往祝贺，礼品有给产妇的米、面、蛋、糖之类，有给婴儿的衣、帽、被、毯之类。婴儿姥姥家是主客，人多礼也多，除以上各种礼品外，必有两只大活鸡，男孩的是两只公鸡，女孩的为一公一母，“鸡子”即“吉子”，取吉祥之意，谓之“长命鸡”。所有礼品皆用红纸、红绳包裹扎束，用笆斗或木质三层（或四层）礼盒盛放分装，忌用篮子，以免“竹篮打水一场空”。女客到产妇房内看望母婴，并给婴儿封若干钱的见面礼。

主人待客亦分外恭敬，农村地区往往接客人于村外，到家后，端送上鸡蛋茶或红糖茶。宴席丰盛，必有面条，取其“长生”之意，称为“喜面条”。客走时主人回赠红鸡蛋、喜糖、挂面等。

28

—

如何庆祝婴儿满月？

婴儿出生满一个月时，许多地方都要为婴儿举行满月礼，又叫弥月礼。

此时全家预备酒席遍请亲友，亲友接到请帖后，备礼物前往祝贺。城镇家庭多在饭店酒楼包桌设宴，既省事又体面。有的人家还要放电影或唱戏加以庆祝。

送礼一般由婴儿的女性长辈来送，礼品多是小儿衣物，如山西俗谣所云："姑姑家的帽子，姨姨家的鞋，老娘家的铺盖拿将来。"旧时北京则讲究"姨家的布，姑家的活儿"，即衣物等由小孩姨家出布料，姑家缝制。

满月除了亲朋送礼贺喜、主家设宴款待客人以外，还有剃胎发、满月逛街等习俗。

剃胎发也叫"铰头""落胎发"，是满月礼中的一项重要仪式。剃胎发的仪式是隆重、严肃的，伴随着许多民间习俗，突出地反映了人际之礼。在浙江绍兴一带，满月剃头时外婆家要送各色礼物，其中一定要有圆镜、关刀、长命锁，圆镜照妖，关刀驱魔，长命锁锁命。剃胎发也有一定的规矩，山东郯城是请邻家三个年轻姑娘，手持剪刀在小孩头上比画着铰三下，接着由小孩母亲再铰。一些地区剃头时额顶要留"聪明发"，脑后要蓄"撑根发"，眉毛则全部剃光。婴儿的胎发又称"血发"，受之父母，除了要留一些表示对父母的尊敬、孝顺外，剃下来的也需谨慎地收藏起来。有的地区是将胎发用红布包好，缝在小孩枕头上，有的则是搓成圆团，用彩线缠好，挂在床头避邪。

满月逛街是指在南方的桂林地区，婴儿满月那天，奶奶和抱着婴儿的母亲一道到菜场买葱、蒜、芹菜，寓意孩子长大后聪明、能说会算、勤快。在回来的路上，她们还要选一块圆而滑的鹅卵石，洗干净后放在婴儿的枕边，表示孩子长大后有胆有识。这块石头将伴着孩子长大，有的直至结婚时才将石头舍弃。满月逛街，目的是为婴儿求吉祥，人们用这种传统习俗，寄托对下一代的殷切期望和良好祝愿。

今日，婴儿满月有了新的贺生礼仪。一般是先向亲友发出满月酒宴请柬。酒宴中，妈妈抱着婴儿向每桌客人鞠躬，这时还未送礼的客人就将装有钱的红包塞进婴儿衣袋里，或交给母亲。一些至亲好友也送贵重的东西，如金银首饰、学步车和高档营养品等，大件礼物可在酒宴前送达。

29

祝贺婴儿百天有哪些礼仪？

孩子出生百天，家中再次庆贺，也叫“做百岁”。“百”有长久、圆满的意思，过百天或做百岁，都是对孩子长命百岁的祝福。现在，孩子百天时，求百家钱打百家锁、讨百家布做百家衣的少了，一般家庭常带孩子到户外照相或录像，以留下孩子成长的身影。有的家庭会再次设宴请客，一如过满月时的程序礼节。孩子过百天，姥姥家会送来长命锁，给孩子做一双猪脸鞋或老虎头鞋，祈愿孩子无灾无病、活泼结实、长命百岁，并接闺女和孩子到娘家住三五日。

在旧时，给婴儿做百岁是很有讲究的。就设宴请客来说，百日礼和满月礼基本没有什么区别。简朴一些的只备办几桌酒席，富贵人家会在门前搭红、黄两色的彩牌楼或挂红黄彩球；院内高搭酒棚，设摆茶座；正厅作为礼堂，铺红毡，烧红烛，供神像；左右设案，陈设所收各种礼品。百日礼品和满月大同小异，其中最有特点的是百家衣和百家锁等各种各样的护身符。

所谓百家衣，就是向若干亲友家要来各色布连缀而成的衣服。因百家衣是由碎布做成，故又名“百碎”，“百碎”又和“百岁”谐音，所以能得个长命百岁的吉利。今天行穿百家衣仪式的人家虽是极少，但“百碎衣”已成为一种具有文化特色的服装，在很多旅游品商店中可以见到，而且“百碎衣”的痕迹在当代流行服装的设计中也可以见到。

所谓百家锁，是向若干亲友讨来铜钱或银两打造而成，或用很多家送来的钱购买。锁正面刻有“百家宝锁”，背面刻有“长命百岁”“富贵之命”“长寿如意”之类的吉祥语，用五彩线挂在小儿颈上。戴百家锁，是为了孩子得到百家的保佑，长命百岁。与百家锁、银项圈相关的还有百家索，又称为百家链，是用红线将铜钱编串起来，有些像大人戴的项链，挂在孩子的脖子上，其意义与百家锁相同。今天有的地方百家锁已向吉祥锁、长命锁的民俗转化。吉祥锁、长命锁一般都是某一家亲友送的。今日给婴儿戴的“百家锁”已转化为有民族民俗文化内涵的装饰品，有些地方习惯给婴儿佩戴银项圈，寓意圈住孩子，不被邪魔带走或伤害。

30

给婴儿祝贺周岁有哪些礼仪？

满月、百日礼可以视作纯粹的诞生礼仪，周岁礼则具有较为独特的地方，它是各种诞生礼仪的总结，因而受到人们的重视。

周岁礼除了请客送礼和宴请宾客外，有的地方还传承传统的试儿习俗，即为俗称的“抓周”。

“抓周”即是让过生日的幼儿随意抓东西以预测他的前程发展方向，俗谓“一生儿看大，三岁看老”。

“抓周”仪式的具体做法是：在幼儿面前摆上纸笔墨砚、印章、算盘、针线、炊具、首饰、花朵、玩具等许多东西，让幼儿去抓，幼儿抓了什么就表示他喜欢什么，将来会成为什么样的人。如抓了文房四宝中的东西表示会读书作文，抓了印章表示能做官，抓了算盘表示会经商，抓了针线表示会做衣服，抓了炊具表示会主持家务，抓了花朵首饰表示爱打扮，抓了玩具表示贪玩……其实谁也不会将此当真，这不过是人们趁此机会取笑逗乐的游戏而已。

“抓周”源于原始的征兆观念，这种观念认为自然界的各种现象、人类社会的吉凶祸福，在其发生之前都是有征兆的，而这种征兆是由神秘力量所控制的。汉代唯心主义神学家董仲舒的“天人感应”成为学说以后，征兆信仰遍布于政治和生活的很多方面，“抓周”的预卜是其表现之一。

其实，一周岁的幼儿面对眼前的“奇珍异物”都很好奇，他抓取什么东西纯粹是出于偶然，而以这种偶然预卜未来的职业、兴趣和爱好，完全是荒谬的。现在的“抓周”已成为一种娱乐方式。

31

为新生儿取名有哪些习俗？

民间取名习俗多种多样，大致有以下几种，仅供参考。

◇节令法

根据孩子出生时的节令与花卉取名。如春丽、夏雨、艳秋、晓冬、兰芳、菊香、月桂、雪梅等，常用于女名。

◇地名法

如老舍的大女儿生在济南，就取名“舒济”。又如沈申（上海）、王渝（重庆）、林浙光（浙江）、袁晋（山西）、黄云生（云南）等名字。也有从祖籍及出生地中各取一字，缀联成名，如张绍庆（祖籍浙江绍兴，出生在重庆），都是以纪念为主。

◇动物法

据老年人说，猪狗牛羊等牲畜是下贱动物，不易被邪鬼注意，取作人名，孩子容易养大。如阿羊、阿牛、阿猪、小兔、小狗等。另外有一类名字与此相关，是以孩子出生年份的生肖取名，如小龙、家骏、玉兔、牛刚等，此类用字在农村较常见。

◇**体重法**

鲁迅的小说《风波》中描绘："这村庄的习惯有点特别，女人生下孩子，多喜欢用秤称了轻重，便用斤数当作小名。"如"九斤老太"， 这是浙东民间的一种特殊取名风俗。

◇**五行法**

根据五行缺行取名。昔时民间取名，要请算命卜卦者推算"八字""五行"，假如某人命中五行缺少某一行或两行，那就得用缺行之字，或用缺行作偏旁的字取名补救，否则孩子就命途多舛。如鲁迅小说《故乡》中闰土的取名：因为他是"闰月生的，五行缺土，所以他的父亲叫他闰土"。又如方有海（缺水）、张鑫（缺金）、高森康（缺木水）、徐炎坤（缺火土）等人名，都是以五行法取名的。

◇**排行法**

兄弟名字中有一个字相同，叫排行。如：《左传》长狄兄弟四人，名为侨如、焚如、荣如、简如。又如《水浒传》中的阮小二、阮小五、阮小七。

◇**成语法**

所谓成语，就是长期以来形成的一些固定结构和固定含义的词组或短语，大多数为四个字。有些成语的含义从字面上就可以看出来，如"丰富多彩""远走高飞""盖世无双"。有些成语则是由典故而来，如："阳春白雪"出自《楚辞》，意指高雅的事物；"百步穿杨"出自《庄子》，意指箭法精绝；"卧薪尝胆"出自《吴越春秋》，意指不忘昔日之苦，发奋图强。这些成语故事包含着深刻的道理，是用以取名的很好的材料。具体如：石成金（点石成金）、江如画（江山如画）、古长青（万古长青）、容自若（从容自若）、计万全（万全之计）、杨百步（百步穿杨）、洪福天（洪福齐天）、程万里（鹏程万里）、文四宝（文房四宝）等。

32

给新生儿取名有哪些忌讳？

宝宝呱呱落地，父母最关心的莫过于给孩子起个好名字。其实给孩子取名时还存在许多忌讳。现将起名时常见的忌讳归纳如下：

◇忌祖先和先贤的名字

汉族起名，一般避祖先的名号。其一是汉族传统极讲辈分，以祖先名字为名，不但打乱了辈分的排序，而且会被视为对祖先不敬；其二是汉族姓名结构的特殊性决定的，汉姓承继父姓，若与祖先的名字也相同，那么两者就丝毫没有区别了。

◇忌生僻字

如果起名时使用一些生僻字，一般人不认识，就会影响交际。

◇忌多音字

中国汉字中有许多多音字，如“乐”字，用在名字中使人容易读错。

◇忌“绕口”字

起名可以用叠音的方法，例如丁丁、方芳等。如果不是叠音的姓名，名和姓的发音方法就要分开。否则，读起来会不顺口。有些名字读起来费劲，弄不好就会读错、听错，原因就在于取名用字拗口，几乎成了“绕口令”，如沈既济、张靓阳、胡楚父等。

◇忌姓名字的单调重复

有些人起名，喜欢利用汉字的形体结构做文章。例如金鑫、王珏、石磊、林森等，这种姓名的审美效果颇佳，可我们的姓氏能如此利用的微乎其微。然而，有些人取名时喜欢让姓名与的部首偏旁相同，如王玉、李季等，会使人产生单调之感，特别是在书写的时候。

◇忌不雅的谐音

有些人的名字，表面上看非常高雅，但由于读起来会与另外一些不雅的词句发音相同或相似，很容易引起人们的嘲弄和戏谑。这种语词可分为两类：一是生活中某些熟语；二是贬义词，起名时应注意避开。

◇忌过于时髦的字

在历史的某些阶段，总会涌现出一些极为时髦的字眼，如约翰、玛丽等。如果命名时追逐这样的字，等流行趋势过去后，难免会有过时之感，而且这样的名字很容易重复。

◇忌过于夸赞的字

名字好听与否，不在于用词多么华美，而在于用词用得恰到好处。男孩取名应尽量避开一些过于生猛的字，如豪、强、炎、猛、闯、刚等。女孩取名时应尽量避开一些表面上明丽、俗艳的字眼。

◇忌大姓取简单名字

许多家长喜欢给孩子起单名，而单名最大的弊端就是造成大量的重名现象。当然，对于一个十几亿人口的大国来说，要完全避免重名是不可能的。但是“张王李赵遍地刘”，这样的姓氏如果再取单名，势必造成重名。

◇其他需要忌讳的地方

名字的“禁区”有的是社会约定俗成的，有的则是字义的限制，有的从属于社会观念和审美意识。除以上九种忌讳之外，还有一些取名需注意的地方，如：某些表示秽物和不洁的字一般不入名，人体的部位、器官名称不入名，某些令人恶心的动物的名称不入名，大部分金属元素名称不入名，文艺作品中一些典型人物的姓名也不宜取。

33

婴儿在发育期有哪些养护习俗和禁忌？

婴儿出生后，如果一切顺利，安定下来，接着便是婴儿的喂养和照顾了。婴儿的发育和养护方面，也存在许多禁忌。因为这个时期里，婴儿的生命仍是很脆弱的，需要大人精心照料，才能发育成长得好。这方面的禁忌如下：

◇襁褓忌

襁褓是指包裹婴儿的被褥和带子。一般忌新喜旧，主要是恐新的会损伤婴儿。又有人说最好是用高寿老人的旧裙袄做襁褓，可保婴儿长寿。襁褓又忌太厚，俗谓易使婴儿生疮，或说易令婴儿体弱畏寒。襁褓被婴儿的便溺弄脏，忌洗完后搭在高处晾晒，又忌夜晚不收回室内。民间有说法认为会遭鬼，伤害婴儿。

◇穿衣忌

婴儿降生后的第三日，民间一般要给婴儿洗一次澡，俗称“洗三”。洗完澡后，可给小儿穿件小褂子，但忌讳穿裤子。

双生（双胞胎）婴儿，穿戴忌不一致。

◇**饮食忌**

婴儿未满月时，只吃母乳，别的忌食。满月后，可喝稀粥、面汤、菜汤等，忌食肉类、豆类食品。将满或已满周岁后，才能动荤腥，否则婴儿容易积食、生病。

◇**洗浴忌**

婴儿宜勤洗浴，否则易生疮等疾病。用水要冷热适中，洗的时间不能过久。洗后扑粉，也可爽身。洗婴水，尤其刚生下来头次洗婴水，忌讳乱泼。

◇**惊吓忌**

婴儿忌受到惊吓。婴儿初来世上，对一切均属首次感触，常常最易被“吓着”。所以产房内忌大声喧哗，忌器物碰撞，忌生人来往，忌灯光过强，让婴儿先处在一个相对稳定的环境内，等慢慢长大后再渐次扩大视野，接触更多的新鲜事物。一旦婴儿被吓着，民间认为可轻轻摸摸婴儿的耳垂，使婴儿安定恢复过来。

◇**剃胎发忌**

婴儿的胎发，一般要在满月时或百天剃去。有些地方，剃去婴儿胎发后，还要用杏仁等物擦拭婴儿头皮，以避风邪，免生疮毒。

◇**挠脚板忌**

婴儿忌挠脚底板，有的地方认为挠婴儿脚底板会使其长大后没胆量。不敢过桥。

◇**见人忌**

婴儿出生后，许多民族、地区有在门上悬物的习俗，其中的道理，就是忌讳婴儿见到生人，受到惊吓。

◇**摇篮忌**

汉族有忌摇空摇篮的习俗，否则，婴儿会爱哭，或将遭遇不测。因为摇空摇篮又意味着失去了婴儿，很不吉利。

◇**看戏忌**

忌婴儿看布袋戏、傀儡戏，避免婴儿因此遭到冲害，有损健康。

◇**言语忌**

汉族大部分地区都有忌言婴儿有病与否的习俗。恐其真的病了，或者病得越来越重。

34

为什么有的地方给孩子认干爹干妈？

“拜干亲”是全国流行的一种保育习俗。在北方叫“认干爹、干妈”，在南方则称为“认寄父、寄母”， 俗称“拜过房爷、过房娘”。婴儿时期拜认的干亲可能是永久性的，终身保有这种关系，也有可能是临时性的，多则三五年，少则匆匆一晤，从此各不相干。

古代拜认干爹干妈的习俗，带有迷信成分。“拜干亲”的目的：一是怕孩子娇贵，不好养育，或是以前生子夭折，怕自己命中无子，借“拜干亲”消灾免祸，保住孩子；二是孩子命相不好，克父克母，借“拜干亲”来转移命相，以求上下和睦，家道昌盛。为了让孩子好养，“拜干亲”一般都喜欢认儿女较多或贫寒的夫妻做义父、义母。因为儿女多的人家，孩子就像成群的小动物一样，容易长大。贫寒人家的小孩则不娇贵，容易养活。当然，也有两家为了增进彼此之间的感情，愿认对方儿女作义子、义女的情况。“拜干亲”的习俗，因地域、民族和文化背景的不同，在礼节习俗方面也存在较大的差异。

既然要“拜干亲”，那么就得择一个吉日举行仪式。届时，父母除了要准备丰盛的酒席外，还要替孩子准备孝敬干爹、干妈的礼物。这份礼物中，最重要的是送给干爹的帽子和送给干妈的鞋子，另外，还要配上衣料之类的物品。

当然，干爹、干妈并不是只进不出。干爹、干妈送给干儿子、干女儿的东西一定要有饭碗、筷子和一把长命锁。另外，还要有一套衣服、鞋袜、帽子、围嘴和兜肚等。过去，为了准备这些礼物，有钱的人家都是到首饰店去定做银碗银筷，或者到去买木碗，以免小孩失手打碎。

“拜干亲”这种保育习俗，尽管在不同的地区、不同的民族有着不同的表现形式，但我们仍能从中找到一些共同之处，那就是：目的相同，都是为了让小孩好养和顺利成长；起因相似，都带有较为浓厚的迷信色彩；情感一致，都富有极为浓烈的人情味道。新中国成立后，民间“拜干亲”的习俗实际上已经慢慢消失，并不需要特别的仪式，只需要简单的一捆猪脚和几束细面。

今日的认干爹、干妈已是旧瓶装新酒了，即抛弃了传统的迷信内容，是一种增强两家友谊的方式，干爹干妈可以协助孩子的爸妈共同教育培养孩子。有的地方的拜寄礼更是演变为一种民间文化娱乐活动，例如四川省广汉市，每年正月十六会在市内的房湖公园及金雁湖公园庆祝“保保节”，用“拉保保”（拜干爹）的方式乞求小孩平安成长。

35

住房选址有什么讲究？

人的基本生活需求不外乎衣、食、住、行四类，其中“住”在人们心目中的地位十分重要，在中国的大部分农村，建房是件大事，它有奠定基业的意义。从选址、选材、选日，到动土、上梁、落成直至迁居，几乎每一个环节都被人们视为喜庆的事，都有一套庆贺的仪式。

选择房址，又称为“相宅”。相宅习俗源于我国古代传统的风水理论。在数千年的传承与实践中，至今仍有一定的借鉴意义。这里介绍一些仍在民间传承的、具有科学意义的一般性原则：

地形选择原则。民间常说的要选择“左青龙，右白虎，前朱雀，后玄武”“宁可青龙高万丈，不可白虎抬了头”那样的地形。“玄武”代表建筑物后方的依靠物，“青龙”“白虎”代表建筑物左右两侧的依靠物，“朱雀”代表建筑物前的地形，宜平坦开阔。

坐北朝南原则。坐北朝南可使建筑物获得最充足的光照，同时，又可避免冬季寒冷的北风侵扰。民间有“坐北朝南屋，住着好享福”“屋朝南，人朝阳”“坐北朝南，冬暖夏凉”等谚语，可见人们对这一原则十分重视。

地质检验原则。旧时，人们相地会亲临现场，用手研磨泥土，用嘴尝泥土，甚至挖土井察看深土层的土壤，有人还会俯身贴地聆听地下水的流向，这实际上是凭经验对地质进行检验。

水质分析原则。旧时的水质分析叫作“辨水”。因为水质有优劣，不同地域的水含有不同的微量元素及化合物质，有些会致病，有些能治病，所以要辨别水质。怎样辨别水质呢？古人积累了很丰富的经验。《管子·地员》就认为：根据水的颜色可以判断水的质量，水白而甘，水黄而糗，水黑而苦。现在科技发达，人们已经可以借助化学方式检验分析水质了，既可以化验出对人体有益的矿物质水，也可以化验出含有毒物质的恶质水。当代建房对水质更是十分讲究，虽然人们都用上了自来水，许多人还会安装净水器来改善水质，这也表明人们越来越认识到水质对人体健康的重要性。

大门立向原则。大门，就是中堂门。它是内外空间分隔的重要标志，是迈入室内的第一道屏障和关口。民间一般立门于南、东南及东三方，俗谓“三吉方”，以东南为最佳，俗称“青龙门”。对照传统民居的大门位置，多与此说相合。

36

建房动工前的奠基仪式有哪些讲究？

奠基也就是打地基，民间俗称“打夯”“打硪”。现今奠基主要有单位性的和个人性的两种类型，单位建房与个人建房的奠基仪式还是有所不同的。各自具体程序有以下几点：

◇单位奠基

①选择一个喜庆日子。大多定在全国统一的节日，如劳动节、国庆节或其他有纪念意义的日子。

②环境布置。在施工现场悬挂红布横幅（也有竖幅的，视环境而定），横幅上写着或缀有“××大楼奠基典礼”字样。四周可插些彩旗，悬放一些气球。

③邀请设计、施工单位和兄弟单位的代表出席奠基仪式，由本单位领导致祝词。

④在鞭炮声中，领导和嘉宾挥铲共同为奠基石培土。

⑤照相留念。

⑥奠基仪式结束，而后可安排座谈和宴请。

◇**个人奠基**

个人建房一般把奠基叫作“动工”或“动土”。个人建房的奠基仪式相对简单很多，现在大多数汉族地区仍保留了旧时下屋基的习俗，一般是在墙基上砌一块青色的奠基石，上面镌刻“泰山石敢当”五个大字，作为镇宅符，寓意所向无敌、百鬼可镇、灾祸敢当。然后，就是放鞭炮、张贴对联，再用机器夯实地基，即可完工。

37

“石敢当”的传说是怎么来的？

关于“石敢当”的传说很多，一说是女娲帮助黄帝战败蚩尤所炼的神石，一说是姜子牙的谥号“石将军”的化身，一说是五代时晋祖的押衙力士，民间还传说他是一位神奇勇武的英雄。

其实，“泰山石敢当”之说是一种原始的对山、石崇拜的残留风俗。“敢当”是“所向无敌”的意思，正是指石头本身的坚硬质地。“石敢当”是从石器时代就已产生的石崇拜演变成为“镇邪之物”的。

至于在“石敢当”之前加上“泰山”字样，这是由古代黄帝封禅泰山的传说到历代帝王封禅泰山、推崇泰山而来。民间尊崇泰山为五岳之首，称它为“天下第一山”。因此，泰山之石不同凡石，具有镇邪、庆胜、赐福等奇异的神力。民间对“泰山石敢当”的这种信仰风俗，也就这样世代传承下来了。

38

建房施工有哪些礼仪禁忌？

我国对建房也有很多讲究，其中有些禁忌是有必要了解一下的。

◇房舍的结构

在建房时，房舍的间架结构受民俗习惯的制约，有一定的禁忌规矩。造屋的地基要平实，屋形宜前低后高，忌前高后低和中间高两头低。草房和瓦房的房顶坡度又不同。草房怕积水，所以房顶要陡；瓦房房顶分量重，所以应平缓一些。俗语云："草房平，住不成；瓦房陡，住不久。"盖瓦房覆顶，瓦的行数喜单忌双。

◇盖房所用木料，也有所宜忌

房梁一般喜用榆木，取其"余粮"之意。忌用桑木，俗话说，"桑不上房"，因"桑""丧"同音，恐不吉利。豫北一些地区，还忌桃木、枣木、椴木、柿木、杏木、椿木上房，有的是因为树木名称不吉引起的禁忌，有的则是树木材料质地差，不宜上房。

◇同聚一处的民居，屋房的高度要大体一致

民间忌讳房子、院墙高于其他人家，否则，会破了人家的"吉利""运

气”，往往因此邻里闹纠纷，结下怨仇。左边的房子可以高于右边的房子，绝不允许右边的房子高于左边的房子。俗规“左青龙右白虎，宁叫青龙高万丈，不让白虎抬了头”。在同一院内，即使是自家盖房子，偏房不能大于或高于主房，前边的房子不能高于后边的房子。

◇盖房出檐，忌讳滴水到邻家房上、院中

后房檐忌砌“狗牙砖”，否则，认为是“咬着人家”了，邻家会竭力反对。房屋山墙忌冲着邻家的院子，否则，认为是以“箭”射人。厕所不能建在上首，即不能建在房子的左边，否则不吉。鸡窝忌垒在正屋的屋檐下，俗称“双落泪”。

◇新宅前不宜有无人居住的破屋

因为破屋容易藏流浪的坏人，而且会滋生细菌，容易倒塌，小孩在里面玩耍会有生命危险。所以，新宅前忌有无人居住的旧、破房屋。

39

建房中，文体使用都有什么讲究？

不管是城市还是乡村，受传统文化的影响，在建房过程中总会使用到各种文体，这里面也有不少的习俗需要注意。具体而言，有以下几点：

◇奠基石的镌刻

高楼大厦一般都有奠基石，这种奠基石多砌在建筑物正面墙的下部。奠基石的镌刻方式有三种：

①奠基石中部镌刻“奠基”两个大字，上方或右侧镌刻单位或工程名称，下方或左侧镌刻奠基或施工日期；

②奠基石上方刻建设单位名称，中部刻建筑物名称，下方刻施工单位名称和施工日期；

③有的只在奠基石正中间刻上建筑物名称，右下方刻施工单位及动工年月，这样的奠基石砌在建筑物正面中部，以引人注目。

农村建房，多在墙基上砌一块青色的奠基石，上面刻“泰山石敢当”五个大字。

◇新居落成请柬

新居落成、乔迁之时，设宴庆贺，称“暖房酒筵”，会邀请亲朋好友来参加，并发出请柬。除需符合请柬的一般要求外，内容上一般要说明是新居落成还是乔迁，以及宴请的地点。形式上则有横排和竖排两种。

◇上梁联

上梁是建房中的一件大事，楹联的使用更要多多注意。

竖千年柱　架万代梁

栋梁擎大业　基石奠雄心

花开富贵人开眼　日上中天屋上梁

上梁欣逢黄道日　立柱巧遇紫微星

创业全凭劳动手　建房尽是栋梁材

鸣花炮声声道喜　起大梁步步登高

游龙戏凤安玉柱　春暖花开上金梁

立玉柱天长地久　架金梁人寿年丰

旭日悬顶玉柱根基固　紫微绕梁新居喜庆多

◇上梁横批

时逢大吉　喜接芳邻　门启大吉　坚础九鼎　安居乐业

华堂集喜　喜气盈门　福地仙居　新天新地　春光灿烂

光开新天　焕然新喜　紫气东来　气象一新　欢入新第

福星高照　莺歌华屋　平安门第　七星高照　满家欢乐

◇新居落成联

新居落成，众人庆贺，所选楹联应主要为喜贺内容。

新居迎百福　仁宅集千祥

风和新居暖　日丽甲第安

祥云浮紫阁　喜气溢朱门

新厦落成增秀气　华门安居进财源

红日舒辉临吉宅　春风送暖入华堂

春风暖万家迎来新居焕新　杨柳绿千里更添华屋生辉

华厦落成吉星高照千秋业　宏基永固旭日长延万代荣

40

上梁仪式有怎样的流程？

过去农村个人建房大多采用土木结构，所以很重视“升梁日”。木构平房是在打墙基时就要起架上梁的，俗称为“立架”。人们多在打基之前就请来木工整饰木材，开卯开榫，按房间布局做好准备，主柱支架固立好后大多要举行上梁仪式。仪式在中午举行，届时请人在中梁画八卦、系红布、捆扎红筷、酒盅等，贴吉祥对联，如“竖柱喜逢黄道日；上梁正遇紫微星”等。迎门的墙上贴“姜太公在此，诸神退位”， 木工大师傅小心地放稳大梁后，便烧纸焚香，放炮庆贺。亲戚邻居们还要蒸白面花馍、带烧酒来扶梁。中午主家设酒席招待匠人和扶梁者。

这一天，也要在施工现场张贴大红庆贺对联，燃放鞭炮，并预备若干红色汤圆分赠亲友乡邻，以示庆贺。

泥木师傅还会讲好话，唱赞歌，主家会对其封赏。下面列举几首赞歌：

手拿斧子白如银，东主请我竖财门。

诸事兴隆灵宝地，前光后裕福家庭。

吉日良辰竖大门，兴家立业有才能。

祥凝吉地千秋永，福蕴新居万事成。

福星高照彩虹披，事业兴隆宝地依。

正直为梁千般好，忠诚作柱万年基。

良辰吉日上新梁，紫气东来兆吉祥。

富贵荣华今日乐，金银财宝滚进房。

现在，城市“上梁”发生了许多形式上的变化。单位建房、商品房大多是钢筋混凝土结构，没有什么“梁”好上，所以也就没有“升梁日”，但时兴“封顶日”，即在整栋房屋的框架（水泥浇注）施工任务完成之日，要热热闹闹地庆贺一番。如提前“封顶”，建房单位还要给施工人员一定的物质奖励。这一天，大多在施工现场悬挂大红庆贺标语，并燃放鞭炮，宴请有功人员。

41

款待工匠的待工酒有哪些讲究？

待工酒，是款待匠人和帮工者酒席的总称，此俗在我国很多地区流行。民间建造房屋，劳作者一是工匠，二是帮工的人。主家优厚招待匠人和帮工者，一日三餐，餐餐佳肴，其中还需摆开工酒、上梁酒、圆工酒。一般耗资甚大，故民间有“没有三年陈酒浆，不能动用泥木匠”的谚语。如今有些人家虽将建房工程发包给了专业队，平日不管吃喝，但一两次待工酒仍在当请之列。

◇开工酒

开工酒是在下屋基动工之日，主人设宴款待工匠。

◇上梁酒

上梁酒在民间很受重视。一些地方将上梁当作新屋竣工的标志，上梁酒也即圆工酒。有些地方是在上梁的这天中午设宴，有些地方是这天晚上设宴，在新屋里摆“上梁酒”。主人除给领头师傅上梁红包外，还得按桌向工匠、帮工和贺客们一一道谢，并分送香烟、槟榔、糖果等（旧时是送“上梁糕”），同时还要向附近邻居分送小礼物。诸位贺客回去时，主人还必须将他们送来的礼物分出一半让他们带回去，不能全收。

◇**圆工酒**

圆工酒即新房竣工酒（圆，即“完”的意思），是新屋完工后所请的庆功酒。有些地方圆工酒的规模较之前的待工酒都要大，要遍请在建房中帮过工出过力的人，以示感谢。有的在喝圆工酒这天还要请未帮过工的亲友，庆贺新居落成；如果不是大办，一般不用请柬，只用电话或口头当面邀请即可。

42

搬入新居有哪些搬迁习俗？

搬迁，民间也叫搬家，是指从旧宅搬至新宅的过程。搬迁习俗各地都有，是一件很庄重的喜事，但也存在地方性差异。以下几点是在搬迁过程中人们普遍注重的习俗。

◇搬迁要选择吉日

搬迁时，主人会请一个福运好的人在新居迎接从旧居搬运来的东西。如温州农村，进新宅要择时辰，放爆竹，并准备谷米一担、五谷种子五包、草席、算盘、秤等物，由全家人依序担携，列队绕屋一周。有的地方还赶着猪，牵着牛，一起参加仪式，希望迁新居后人丁安康和五业兴旺。还有人带一把老屋的泥土，说是可治水土不服。

◇搬迁要“过火”

搬迁中最为人们所注重的一桩事是“过火”，即是把火种从旧居移迁到新居。湖南城镇地区会邀请亲朋出力，用火盆或火炉把火种带至新居，如果是在晚上，还要由人打着火把从旧居走到新居，不能让火种在迁移中熄灭。

◇孕妇勿参与

民间忌孕妇参与搬家，说怕动了胎神，实际是保护孕妇的措施，以防劳累过度而流产。还有搬家时不可生气，不可说不吉利的话，不可打碎碗盆和镜子之类的物品，这不过是求个平安吉祥罢了。

◇摆贺酒

摆庆贺酒宴是搬迁习俗的重点。城市中，庆祝迁居的宴会一般由搬入新居的主人举办，酒宴一般是设在酒店，乡村庆贺酒宴一般是摆在自家新宅。有些地方摆宴席时要专门为建宅的工匠师傅摆席，叫“谢师酒”。坐在“谢师酒”席位上的工匠有木匠、铁匠、石匠、瓦匠、砌匠、漆匠等，坐最尊位子的是石匠。在某些农村，设庆贺酒筵这天还有赞房仪式。所有参加酒筵的人，不论是来客还是工匠，都可以对新房进行赞颂、祝福，赞颂结束后，房主要给赞房人喜钱。赞房词的内容极为丰富，包括建房工艺、质量、风水等诸多方面。

43

“温锅”的习俗有什么寓意?

“温锅”是我国民间流传较广的一种习俗，在很多地方都流行，只是说法略有不同，有“暖锅”“温居”“暖居”“暖房”“烧炕”“添囤”等说法。具体地说，温锅是指自建新房落成或购买新房后乔迁，或兄弟婚后分家独立成户并迁进新宅，亲朋好友、街坊邻居等携带礼品前去庆贺乔迁，主人设宴款待来贺者的习俗。温锅带着人们的美好祝愿，俗语说，“温温过得红火”，意思温锅后新家沾了人气很快会温暖起来，日子会过得红红火火。

温锅的起源与过去生活水平低有关。以前，对普通人家来说，盖房是一件大事，有些家庭几乎拿出了家里的全部积蓄。盖完新房后，很多人会出现经济拮据的状况。在此情况下，亲戚朋友、街坊四邻们会送来一些食物、礼品，帮着添置些家庭用具，以助他们渡过困境。当然，主人也要设宴招待客人。由于迁入新居，锅灶是新的，同时也是凉的，这一炒菜做饭，锅灶就热起来了，所以叫“温锅”。

平时走亲访友，所带物品多是食品之类，而温锅时所带的除了食品之外，还有许多生活用具、日常必需品，如山东一带温锅，亲友所送礼品种类繁多，有送鸡、鱼、肉、酒、面粉、大米等食物的，也有送钱的，还有送锅、碗、瓢、盆、壶等炊具及茶具的，有的甚至连柴草、油盐都带来了，几乎无所不包。如果是婚后分家独立成户的，娘家会送锅、勺子等炊具以及粮食等物品，此外还会送豆芽、豆腐、公鸡、鲤鱼、发面食品、筷子、盆子等。当然，这都是有寓意的：豆芽代表生根发芽、生长的意思，表示从此家业扎根安定，生长壮大；豆腐是“都富”的谐音，表示大家都发家致富；鸡代表着大吉大利；鱼寓意年年富足有余；发面食品的意思是“蒸蒸发发”，象征着日子会发起来，越过越好；筷子的意思是“快快发家”；盆子的意思是“聚宝盆”。

有的地方温锅是送四样礼物：锅、馒头、苹果、火柴。锅是温锅的核心，为了让主人能有热乎乎的饭菜吃，锅是必须有的；馒头，取其“发”“蒸”之意，表示生活会兴旺发达，好日子蒸蒸日上；苹果，取其谐音“平”，寓意乔迁新居后生活平平安安；火柴，寓意生活事业红红火火。

有些地方的温锅则送碗筷、粉条、鲜鱼，寓意喜迁新居的人家将来的日子过得和美长远、生活富足、年年有余。当然，钟表是不能送的，因为送钟谐音“送终”，很不吉利。

温锅与平时走亲访友相比，还有一个不同点。平时走亲访友，到了主人家里，一般就由主人忙活着招待了，温锅时则不是这样。温锅那天，亲戚朋友大都自己带着加工的成品或者半成品主副食，到了主人家里，也无须主人动手，大家齐上阵，自己烹制饭菜，一会儿工夫，一桌酒席就做好了。大家一起动手的过程，充分体现了温锅的意义。因为刚到新家，主人也还理不清头绪。再说，搬家是一件很累人的事情，如果大家都等着主人招待，那不是更给主人家添乱吗？所以，温锅就考虑到了这一点。当然，现在有些人图省事，就直接到饭馆吃一顿。

温锅其实也是一个崭新家庭生活的预演和检验。温锅之后，新家的头绪基本理清了，新房子也不再只是一栋建筑，而是成了一个设施齐全、充满幸福温暖的家，生活从此步入了正轨。

现在，温锅的习俗在各地依然存在。其最初亲友互助的功能在逐渐淡化，增进亲朋感情、促进邻里之间和睦相处的功能逐渐显现出来，让人感受到了浓浓的亲情、友情、乡情。

44

有哪些适合乔迁新居使用的祝词？

当亲友新居落成、乔迁之时，人们为了表示祝贺，通常会赠送喜幛或镜屏。喜幛和镜屏在形式上有横式和竖式两种，在内容上除写上下款外，喜幛上都要题词，而镜屏可不题词，有的镜屏在制作时四周已绘有花鸟图案，中间题有祝词，只要选购适宜的就行了。有的中间没有祝词，这就需要根据不同的祝贺对象和用途自行题写了。

◇常用的贺幛与镜屏用语（也可作为建屋迁居联横批）

瑞气云集　万事胜意　满院春光　人杰地灵　富贵花开

安居乐业　华屋增辉　人勤家兴　吉星拱照　喜气盈门

喜庆乔迁　物华天宝　家和人乐　本固枝荣　天宝呈祥

◇乔迁喜联的规范格式

人们常用对联的形式来表达喜庆之意。我国农村当新造的房屋上梁之时，亲友们会前来祝贺，除送礼物，有的还送贺联。房屋建成或迁居时，主人更喜欢在大门、厅堂、书斋等处张贴对联，其中就有不少是亲友送来的贺联。

这里着重介绍一些乔迁喜联，以供参考或选择。

①通用联

德贤安且吉　和善寿而康

茂林莺语闹　新屋燕声喧

新春迁新宅　福地启福门

人杰地灵有福　物华天宝呈祥

甲第新开美景　子孙大展宏图

大哉居乎移气移体　慎其独也润屋润身

紫阁祥云物华天宝　朱轩瑞气人杰地灵

何须玉宇琼楼方称杰构　只要道义门宅便可安居

地势钟灵预卜财源广进　天然毓秀定占瑞气长来

乔木好音多远闻莺迁金谷晓　上林春色早近看花报玉堂开

祥云绕吉宅家承旺世添福禄　瑞霭盈芳庭人值华年增寿康

②迁居横批

瑞霭盈轩　如意吉祥　日新月异　德必有邻　家居福地

春光满室　莺迁仁里　新居大吉　喜气盈门　宅院福地

紫阳高照　户纳千祥　合家欢庆　栋宇辉煌　安居乐业

③大门联

栽花香四季　结彩喜全家

近贤门之居荣光必照　遵海滨而处明德惟馨

门对青山龙翔凤舞从天降　户迎绿水鱼跃鸟飞自地生

④堂屋联

门墙多古意　家世重儒风

斗室乾坤大　寸心天地宽

诗写梅花月　茶煎谷雨声

地静人都逸　山青花欲然

虚心莫过竹节　人品应如兰馨

良友远来异书新得　好花半放美酒微醺

静以修身俭以养德　入则笃行出则友贤

⑤书房联

友天下士　读古人书

好书不厌看还读 益友何妨去复来

经国有才皆百炼　著书无字不千秋

斗酒纵观廿一史　炉香静对十三经

诗书千载经纶事　松竹四时潇洒心

竹露松风蕉叶雨　茶烟琴韵读书声

松风煮茗学如烟海　竹雨谈诗书似云山

书画益寿隶宗秦汉　金石延年楷法晋唐

四座春风霭如瑞玉　一樽秋月淡比晴川

庭有余香，谢草郑兰燕桂树　家无别况，唐诗晋词汉文章

⑥厨房联

厨里菜肴皆可口　房中食品尽芬芳

一粥一饭需珍惜　寸木寸薪当节约

柴米油盐品不少　甜香酸辣味俱全

45

参加婚礼，如何着装才得体？

结婚不光对新人来讲是一件十分幸福的事，对被邀请前去参加婚礼的亲朋好友而言，也是一件十分幸福的事。想必，现实中大多数人都有收到“喜帖”的经历，不过有时会遇到想去喝喜酒却不知穿什么好的问题，左思右想苦恼了老半天却还拿不定主意。这其中有一些禁忌得知道，有一些礼数一定要顾到。

就服装而言，一般来说没有特殊的禁忌，颜色搭配除了不用黑色以外没有特殊要求。不过现在有些人为了婚礼的整体风格统一，会在请柬上建议着装颜色。被邀请者按照要求选择衣服颜色，是对主人的尊重。

男士的服装可以简单一些，西装、衬衫和领带足以打扮得帅气。

女士的着装稍微复杂一些。如果只是参加婚宴，那么普通套装、连衣裙就可以了。如果你参加的是一个很正式的婚礼，那么你最好穿一身修身、精致的套装。千万不可太过花枝招展，因为那天的主角是新娘和新郎，如果配角打扮得太抢眼，会让在场者有些摸不着头脑。而且，无论穿着多么与众不同，都不可以袒胸露背，这样会显得太过轻浮，招来别人的侧目。

有的人参加婚礼时，穿着没有抢新人的镜头，也没有戴黑纱给人晦气之感，但他们穿得过于平常，如穿牛仔服、运动鞋；有的老年人，身穿平日里的大背心来参加婚礼。参加婚礼穿得太过随意，会让人有以下感觉：

一是你对新人的终身大事根本就不重视，是对新人的不敬，如果你是新人的至交或亲戚，对方必定会不愉快；

二是你故意制造穷酸相给新人看，表示嘲讽；

三是影响婚礼的和谐、喜庆气氛。

所以，在参加婚礼时，穿着方面的注意事项可以归纳为以下几点：应穿带有喜庆色彩的、做工精细的高档服装；女性适当化妆；应避免穿居家服饰，如休闲服、拖鞋等；衣服应整洁，不宜穿破旧不整的衣服。

46

怎样准备结婚礼品？

结婚是人们的终身大事，它标志着两个生命的永久结合，而婚礼就是庆祝这一具有纪念意义日子的仪式。婚礼上新人的亲朋好友要送结婚礼品，这是世界各国通行的礼仪。

送结婚礼品时，如果能考虑到新郎、新娘的爱好，挑选他们中意的东西送，那是最好不过了。一般情况下，可以送有纪念意义的工艺品，也可以送些实用的物品，如婚后家庭生活所需的各种餐具、厨具、床具、装饰用具等礼品，或干脆随份子，送现金。但不管送什么贺礼，都须进行包装。如果是实物，则用红纸包装，系上红绸带，贴上红双喜剪纸，再写上一句祝词，如“偕老百年”“花好月圆”“琴瑟和鸣”“天作之合”“永结同心”“花开并蒂”“燕舞莺歌”“佳偶天成”之类的话。也有人附上自己的名片，以示送礼之人。

除此之外，结婚送贺礼还有以下几点必须注意：

①有些亲友尽管有了喜事，但不愿铺张，如果贸然送礼，反而不妥，要尊重亲友的选择。

②收到请柬后要马上回复，以示礼貌，同时又要为主人安排婚礼着想，如果有小孩，一般还是不带为宜，除非请柬上书有“全家”字样，或写明孩子的姓名等。

③结婚礼物一般以礼金或实物为主，目的是帮助新婚夫妇建立一个新家庭。有时由于路远、时间紧或意外情况不能参加婚礼，但贺礼不能少，一般均在事前。有些地方有事后不补礼的习俗，否则被视为不吉祥。

④在中国，送礼有“好事成双”的说法。送结婚礼更要注意数字上的禁忌，所送的礼物都要为“双”， 忌讳“单”。如果送酒，不管是什么酒，都应送双数。另外广东人忌讳“4”这个数字，因为“4”与“死”在广东话中读起来相近。日本人也忌讳这个数字，连办公室、宾馆门牌号、楼层号都在逢“4”时改用其他。西方人忌讳“13”更是众所周知的事。

⑤结婚是喜庆的日子。在礼品颜色或包装颜色的选择上要注意不要用哀丧之色。中国人普遍忌讳黑色，认为黑色代表着凶灾、不吉利，与漆黑联系在一起，意味着死亡。对纯白色，中国人也较忌讳，认为是悲哀、贫穷之色。欧美人也视黑色为哀丧之色。日本人视绿色为不祥。中国人较偏爱红色，认为红色的礼物具有传统喜庆的意味。

⑥文字谐音也要考虑。送结婚礼时，不要送梨。因为“梨”与“离”同音，含离异之意，不吉利。也不要送“钟”，因钟与“终”同音。

⑦送礼应得体。所谓“得体”，就是要能符合受礼者的需要。譬如，你的朋友（亲戚）是一个交友广泛、经济富裕的人，你预备送他一百元的礼金，不如用这个钱买一幅喜幛，或买一幅礼轴写上颂词更得体。如果受礼者是一位经济并不富裕，生活亦很节俭的人，送礼金比较好。

在送礼之前，必先对受礼者的个性、教育程度、生活习惯、经济状况等加以了解分析，再选择送礼的方式，才不会失礼。

47

婚礼送花有哪些禁忌？

婚礼是隆重而喜庆的场合，送的花要寓意吉祥，且注意一些送花禁忌。

◇勿送寓意不好的鲜花

鲜花品种的选择是一门学问，也是一门艺术，并不是什么鲜花都可以拿来赠送新人。结婚用花最关键的是花语、花形、花色的选择，一般多以玫瑰、郁金香、百合、康乃馨等为主，结婚用花的陪衬花材有满天星、一叶兰、常春藤、文竹、花叶芋、天冬草等。这些五彩的花材为新人们的婚事增添了温馨的氛围，以其自身美好的寓意祝福新人们百年好合，白头偕老。千万不要送一些颜色暗淡或者寓意不好的花束，尤其格外注意不要在送的花束里夹杂菊花、马尾草等，这会严重影响祝福的效果。

◇勿送不新鲜的花

鲜花的保质期一般都不会太长，参加结婚典礼，如果要送一束鲜花表达祝福之情，千万要注意鲜花的新鲜度，最好是买当天的鲜花。这样看起来鲜艳、有生机，不仅会给新人带来美好的心情，也能显示出送花人的品位与细心。如果送的鲜花有一朵或者几朵出现了枯萎、黄叶，场面会很尴尬。

◇**勿送单一品种的花束**

中国的婚礼和西方的婚礼在送花上有着一定的差别。西方婚礼更趋于随性，送花可以就个人爱好送一些花品单一的花束，例如一整束百合、玫瑰之类。但是，在中国的传统里，结婚讲求喜庆、合欢，送花应该选几种能够符合婚礼氛围的花品，组合成一束鲜艳、美丽的花束，最好不要单买一种花组成的花束。

48

中式婚礼的基本程序是怎样的？

旧时男女双方从相识到结婚，讲究“父母之命，媒妁之言”，结婚成亲往往要经过“六礼”，即周朝定制的纳采（请媒人到女家说合）、问名（问女方名字及出生年月日时）、纳吉（女方与男方合八字）、纳征（女方收聘金彩礼）、请期（约定婚礼日期）、亲迎（新郎接新娘举行婚礼）。特别是“合八字”，带有浓厚的封建迷信色彩。

经过历代的演变，新婚礼节有所简化，特别是中华人民共和国成立后实行恋爱自由、婚姻自主，破除了封建迷信，省去了一些烦琐的礼节。现在通常包括四道手续，也称“新婚四礼”，即订婚、领证、请期、迎亲。下面略加介绍。

◇订婚

经过自己恋爱或介绍人介绍，男女两相情愿，同意约定终身，但结婚条件尚不具备或未达到法定婚龄，为使双方吃个“定心丸”，通常由男女及男女双方家长合议，写张“红单”，谓之“订婚”。有的人家订婚时也办酒席，邀请介绍人、单位领导、双方主要亲戚好友参加，作为订婚证人。订婚一般在女方家进行，也有双方联合在酒店进行的，订婚费用统由男方买单，男方还要发红包给女方的至亲。农村订婚时要燃放鞭炮，以告他人知晓。订婚通常不具有法律效力。

◇领证

男女双方达到法定结婚年龄，即可到当地政府的民政部门申请登记，领取结婚证书。有了结婚证，婚姻关系就有了法律保障。领证是结婚必需的手续，绝对不能省略，否则就是非法婚姻。领证之后，双方一般都去照相馆拍婚纱照，或在新房悬挂，或装订成集，以作终身纪念。新人还要买些喜糖分发同事、好友、长辈、邻居等，以示庆贺。

◇请期

所谓“请期”，即由男女双方家庭商定结婚日期后，由男方家用书面形式告知女方家，请新娘父母做好准备，届时上门迎娶新娘。送“请期”时要配上礼物（按地方风俗配备），由介绍人陪同新郎送呈女方父母。只要双方满意，也可由男方上门用口头形式告知，但仅用打电话、传口信的方式通知是不妥的。

◇迎亲

“迎亲”即迎娶新娘，这是婚礼中最隆重、最热闹的环节。婚礼前十天，新郎约同几个迎亲人过礼，送礼帖。婚庆之日，新郎在迎亲队伍的陪伴下，坐着装饰一新的花车（新郎新娘专车）、婚车（高亲及陪同人员专车）到女家接新娘过门。车队行至女方家不远时，须点燃爆竹报信或用手机告知，女方家亦以鞭炮相迎。女方家将新郎迎进后，以茶点果品或肴席款待，迎亲车队返回男方家时，男方家亲友列队迎接，燃放烟花爆竹，有时还演奏鼓乐。[1] 现在，请亲家过门一般也同时进行，女方亲家、亲戚到达男方家时须有专人作陪，亦以茶点果品酒水款待。在婚礼酒宴上须设高亲专席，供女方家长、亲眷入座，并有专人陪酒。

迎亲习俗，各地有所不同。在湘东一带大体如此：新郎、新娘都要提前化妆，提前装饰好婚车，伴郎、伴娘要及时到位，迎亲车队按预定路线出发去新娘家。到达新娘家时，如遇“闹喜”（即朋友、小孩和邻居凑热闹），新郎要分发红包和喜烟、喜糖。有的地方还有“关门讨赏封”的习俗：迎亲之日，新郎将至女家时，女家的帮忙人忙将大门关上，露开一间隙，这一间隙就是要新郎或伴郎将红包塞进，塞少了还不行，聪明的新郎干脆把预备好的小红包统丢在门缝底下，让里面的人去抢，门一下开了，新郎便可“乘虚而入”。

新郎进屋后，男方“柜房先生”将准备好的礼物和礼金交给女方柜房，由女方“柜房先生”点发，接着新郎要给新娘父母敬“改口茶”（此后改口叫爸爸妈妈），先由伴娘端茶递给新娘，再由新娘递给新郎，新郎敬茶，新娘父母接过茶，喝一口表示谢意，并给女婿红包。新郎新娘要共吃甜汤（含红枣、花生、桂圆、莲子等），新娘在娘家吃甜汤，只能吃一半（表示以后回家再吃）。新娘出门时，要行一个简单的“新阁酬恩礼”仪式，然后由新郎抱新娘上车，或由伴娘扶上车。过去，背新娘上轿在一些地区、一些民族中盛行。据说新娘换上新鞋后，由女家兄长或族兄背新娘上轿，以免沾娘家的土带到男家去，对女家不利。现在，改为由新郎抱新娘上车。

到达新郎家后，新郎要抱或背着新娘到厅堂，行结婚仪式（过去称拜堂之礼）后入洞房。新娘要给公婆敬“改口茶”，先由伴郎端茶递给新郎，再由新郎递给新娘，新娘敬茶，公婆接过茶，喝一口表示谢意，并给新儿

[1] 如今各地均出台禁止燃放烟花爆竹的规定，现多以电子鞭炮或其他庆祝方式代替。

媳红包。入席时，由礼宾小姐陪着新郎、新娘向来宾敬酒以表谢意。

如果是在酒店举行婚礼，或由酒店的司仪主持，或由专业婚庆公司操办，场面更为壮观。装饰一新的大厅里布满鲜花和喜字，新郎牵着新娘走过红地毯，在欢快的乐曲声中与双方父母、介绍人、证婚人一起登上婚礼台。由证婚人、介绍人讲话，由主家代表致答谢词。新郎、新娘交换戒指，行“拜堂之礼”，喝交杯酒。

49

西式婚礼的礼仪是怎样的？

西式婚礼多在教堂举行。在庄严肃穆的教堂里，以纯洁的心相互祝福，相互祈祷，使婚礼充满时尚、浪漫的气息，这种新颖的婚礼形式逐渐受到都市白领及知识阶层的青睐。参加婚礼的来宾先于花车到达教堂或庆典中心签到；花车到达教堂后，由伴娘引路，新郎新娘携手步入爱的圣殿（奏婚礼进行曲）；新娘的父亲将女儿交给新郎；庄严的结婚仪式开始。具体而言，教堂婚礼有以下几步：

①许下爱的诺言。主婚人问新郎：你愿不愿意娶 ×× 小姐做你的妻子？新郎答：愿意。再问新娘：你愿不愿意 ×× 先生做你的丈夫？新娘答：愿意。主婚人又分别问新郎新娘：今后无论发生什么变故，能不能做到永不变心？新郎新娘分别回答：能做到。

②交换信物（一般为钻石戒指）。由爱的天使在司仪的引导下，伴随着优美的音乐，将信物奉到新人面前，新人当着众人面，交换信物。

③甜蜜的吻（新人接吻拥抱）。

④欢乐时光（向新人撒彩纸、喷彩带）。

⑤摄影拍照。

⑥婚宴（新人合饮交杯酒，同切新婚蛋糕）。

下面将传统西式婚礼的婚礼宣誓词介绍一下。

牧师：各位来宾，我们今天欢聚在这里，一起来参加某某和某某的婚礼。婚姻是爱情和相互信任的升华。它不仅需要双方一生一世的相爱，更需要一生一世的相互信赖。今天某某和某某将在这里向大家庄严宣告他们对对方的爱情和信任的承诺。

牧师：某某和某某，现在请你们向在座的各位宾客宣告你们结婚的心愿。

牧师：某某，是否愿意娶某某作为你的妻子？你是否愿意无论是顺境或逆境，富裕或贫穷，健康或疾病，快乐或忧愁，你都将毫无保留地爱她，对她忠诚直到永远？

新郎：我愿意。

牧师：某某，你是否愿意嫁给某某作为他的妻子，你是否愿意无论是顺境或逆境，富裕或贫穷，健康或疾病，快乐或忧愁，你都将毫无保留地爱他，对他忠诚直到永远？

新娘：我愿意。

（宣读誓言）

牧师：某某和某某，现在请你们面向对方，握住对方的双手，作为妻子和丈夫向对方宣告誓言。

（新娘将手捧花交给主伴娘。）

牧师：某某请跟我说。我（新郎）全心全意娶你做我的妻子，无论是顺境或逆境，富裕或贫穷，健康或疾病，快乐或忧愁，我都将毫无保留地爱你，我将努力去理解你，完完全全信任你。我们将成为一个整体，互为彼此的一部分，我们将一起面对人生的一切，去分享我们的梦想，作为平等的忠实伴侣，度过今后的一生。

牧师：某某请跟我重复。我（新娘）全心全意嫁给你作为你的妻子，无论是顺境或逆境，富裕或贫穷，健康或疾病，快乐或忧愁，我都将毫无保留地爱你，我将努力去理解你，完完全全信任你，我们将成为一个整体，互为彼此的一部分，我们将一起面对人生的一切，去分享我们的梦想，作为平等的忠实伴侣，度过今后的一生。

（交换戒指）

牧师：这里现在有两枚戒指，它们是婚姻的象征，它们完美的圆环代表着生命与爱，象征永恒的爱情。

牧师：现在请新郎把戒指戴在新娘的手上。

（主伴郎从戒童手中的戒枕上取下戒指，递给新郎。新郎将戒指戴在新娘左手的无名指上，然后双手捧着新娘的左手。）

牧师：新郎，请跟我重复。你是我的生命，我的爱，我的挚友。我今天娶你为妻，这个戒指将永远印证我对你的挚爱和我今天对你的庄严承诺。

牧师：现在请新娘把戒指戴在新郎的手上。

（主伴娘从戒童手中的戒枕上取下戒指，递给新娘。新娘将戒指戴在新郎左手的无名指上，然后双手捧着新郎的左手。）

牧师：新娘，请跟我重复。你是我的生命，我的爱，我的挚友。我今天嫁你为妻，这枚戒指将永远印证我对你的挚爱和我今天对你的庄严承诺。

牧师：现在，某某，你可以掀开面纱亲吻你的新娘了。

牧师：从今以后，你不再被湿冷雨水淋，因为你们彼此成为遮蔽的保障。从今以后，你不再觉得寒冷，因为你们互相温暖彼此的心灵。从今以后，不再有孤单寂寞。从今以后，你们仍然是两个人，但只有一个生命。唯愿你们的日子，天天美好直到地久天长。

牧师：现在请允许我向大家郑重介绍，这是某某及他的夫人某某，让我们一起为他们祝福。

（众人鼓掌。）

牧师：婚礼仪式礼成，请新人退场。

（奏乐）

50

婚礼上怎样讲话才合乎礼仪？

婚礼上有很多致辞环节，每个环节致辞人使用的文书都是有习俗讲究的，下面具体展示婚礼上各类文书的用法：

◇婚礼介绍人致辞示例

新郎、新娘、证婚人、主婚人、各位来宾：

大家好！今天是 ×× 先生和 ×× 小姐缔结良缘，百年好合的大喜日子。作为他们的介绍人，参加这个新婚典礼，我感到非常荣幸。新娘这么端庄秀丽，新郎这么英俊潇洒，真是郎才女貌，天作之合。我衷心祝福这对贤伉俪，情切切，意绵绵，百年偕老，永浴爱河。

◇来宾致辞示例

新郎、新娘、主婚人、各位来宾：

今天是两家合婚的大喜日子，小弟蒙主人邀请，得以参加盛会，万分荣幸。我代表全体来宾，祝福新娘新郎新婚愉快，美满幸福。

大家知道，社会的昌盛以个人家庭的幸福为基础，家庭的幸福以婚姻的美满为起点。今天 ×× 先生与 ×× 小姐结婚，郎才女貌，佳偶天成。我希望他们唱随偕老，互助互谅，共同努力，创造美满幸福的家庭。祝愿新郎新娘健康快乐，鸾凤和鸣，白头偕老。

◇主婚人致谢词示例

证婚人、介绍人、各位来宾：

今天是小儿（或舍弟）与 ×× 小姐举行婚礼，承蒙 ×× 先生莅临福证，又承 ×× 先生（女士）介绍，以及亲朋好友光临观礼，谨致以衷心谢意。如有招待不周，敬请各位原谅。敬祝各位健康！粗肴薄酒，不成敬意，请各位开怀畅饮。

◇新郎（新娘）致谢词示例

（自称名字）承 ×× 先生（或女士）的介绍，今天与 ×× 小姐（先生）在这里举行婚礼。并承 ×× 先生证婚，劳驾各位亲友光临，我感到十分荣幸。刚才证婚人与各位长辈的训词，我俩一定永志不忘，以后还需要各位长辈、各位亲友、各位兄弟姐妹多多指教。今日招待不周的地方，请各位原谅。敬祝各位身体健康。

51

婚宴敬酒有哪些礼仪要求？

在婚宴进行一段时间之后，就会有宾客想公开对新人表达祝贺之意，于是敬酒活动展开，并且会在男傧相安排之下，陆续进行。在正式的婚宴上，敬酒是极为重要且不可缺的一环。敬酒时，有若干礼节应该加以遵守：

①接受敬酒的人不必起立，只需坐在座位上，微笑着面对敬酒者。

②要敬酒时，如果席间有十位宾客甚或更多，务必站起身来。如果是在人数较少，彼此都熟识的场合上，则可以坐着敬酒。

③为了引起他人的注意，可以先说句开场白，如："各位女士，各位先生，我想向新郎（新娘）敬个酒"；或者也可以不必说得那么正式，只要声音比正常说话时大一点，如"现在我想说一些话"。

④婚宴上每一次敬酒时间不宜超过三分钟。因此，应该避免东拉西扯，没完没了。

⑤向新人致意时，话语中可以表现关怀、幽默、率真，甚至可以有适当的戏谑，这些都无伤大雅。态度可以严肃，也可以诙谐。不过，最重要的是应该事先演练一番。

52

结婚周年都有哪些特别的称谓？

随着中西文化的交融与时代的进步发展，越来越多的人对结婚周年纪念十分重视。结婚周年纪念日每年各有其名称，如果要庆祝结婚周年纪念日，可以给爱人准备以下纪念礼物：

第一年——纸婚，宜送纸张、钟；

第二年——棉婚，宜送棉制品、瓷器；

第三年——皮革婚，宜送皮革制品、水晶制品或瓷器；

第四年——花果婚，宜送水果和花卉、各类日用品；

第五年——木婚，宜送木器；

第六年——铁婚，宜送糖果和铁器、银器；

第七年——羊毛婚，宜送羊毛制品或铜器、书桌用品；

第八年——铜婚，宜送青铜制品或铜器、亚麻织物或花；

第九年——陶婚，宜送陶器或柳制品、皮革制品；

第十年——锡婚，宜送锡器或铝器；

第十一年——钢婚，宜送钢制器皿、时尚的珠宝首饰；

第十二年——丝婚，宜送丝织品或亚麻制品、珍珠首饰；

第十三年——花边婚，宜送各式花边纺织品或毛皮制品；

第十四年——象牙婚，宜送黄金首饰；

第十五年——水晶婚，宜送水晶制品；

第二十年——瓷婚，宜送瓷器、白金首饰；

第二十五年——银婚，宜送银器；

第三十年——珍珠婚，宜送珍珠首饰、钻石首饰；

第三十五年——珊瑚婚，宜送珊瑚、翡翠；

第四十年——红宝石婚，宜送红宝石首饰；

第四十五年——蓝宝石婚，宜送蓝宝石首饰；

第五十年——金婚，宜送金器；

第五十五年——绿宝石婚，宜送绿宝石首饰；

第六十年——钻石婚，宜送钻石首饰。

53

为新人送喜幛、喜轴有哪些礼仪要求？

喜幛、喜轴，通常是为庆贺新人成婚时所送的传统礼品。近年来，由于婚庆形式的与时俱进，送喜幛、喜轴的已不多见。如果有人想为新人送上这样的传统贺礼，就有必要先了解其中的礼仪要求。

◇喜幛

喜幛多用整幅绸缎制成，上贴红纸黑字的祝颂之辞，悬挂于厅堂。喜幛包括上款、幛语、下款三部分，以竖排为多见，上款为称呼与事由，位于右上，下款是署名，位于左下，当中为幛语。

喜幛的语言非常精练，概括性极强，一般用几个字至数十个字表达许多祝贺之情。喜幛通常是亲友所赠，上款书以“新郎新娘（名字）燕尔新婚之喜”，下款则书赠送者的身份和姓名。幛语文字优美，下面举一些例子，供读者欣赏、选用：

美满婚姻　恩爱夫妻　喜结良缘　龙凤呈祥

花开并蒂　万年好合　幸福家庭　百年偕老

才佳配偶　花好月圆　鸾凤和鸣　同心同德

在天愿作比翼鸟　栖地盘结连理枝

◇**喜轴**

喜轴是国画类艺术品，上绘喜庆吉祥图，如，画面上有一左一右两名蓬头笑脸的仙童，一持荷花，一捧宝盒，谐音“和合”。喜轴通常悬挂于喜堂正中。

54

如何撰写婚联？

婚联，又叫“喜联”，是举行婚礼时专用的对联，其讲究更多。一般在男女结婚的喜庆日子里，贴在大门、房门两旁，有的还贴在嫁妆箱柜上。婚联的内容大多是祝愿新婚夫妇婚姻美满，白头偕老；或宣传婚姻自主，婚事新办，男女平等，家庭和睦；或表达新郎新娘共展宏图、齐创大业的决心。婚联虽小，但意义重大，现将婚联的具体用法列举一些，以供参考。

◇依据地点撰写婚联

在我国传统文化中，凡逢结婚大喜之事，一般都要在一些特殊地点，特别是新人家中张贴喜庆的婚联，而且不同的地点张贴的婚联也各有不同，千万不可随意乱贴。下面具体举例介绍一些基本用法。

①大门用联

红莲开并蒂　彩凤乐双飞

红莺鸣绿树　对燕舞繁花

万里长征欣比翼　百年好合喜同心

一世良缘同地久　百年佳偶共天长

日丽风和桃李笑　珠联璧合凤凰飞

②头门用联

扫净庭阶迎客驾　携来笙管接鸳舆

严父开怀观凤舞　慧儿合卺学梅妆

拴马不教宾客返　碰杯漫听凤凰鸣

头上青霄鸾比翼　门中珠履客谈心

③厨房门用联

酒肴味淡惭无理　主客情浓幸有缘

厨无美酒殊惭主　席乏佳肴强宴宾

自愧厨中无盛馔　却欣堂上有嘉宾

客有隆情来庆贺　厨无美味实怀惭

④重门用联

绿蚁浮杯邀客醉　蓝田得玉喜婚成

愧乏茅台酬上客　喜烧花烛映重门

喜溢重门迎凤侣　光增陋室迓宾车

父喜子喜重重喜　友欢戚欢个个欢

⑤侧门用联

礼数周全迎凤侣　双亲欢笑看儿婚

宜把欢情联左右　愧将薄席款西东

⑥中堂用联

合欢偕伴侣　新喜结亲家

连斟酬客意　渴望解吾心

欣然开笑口　相聚叙衷情

⑦宴厅用联

三杯淡酒酬宾客　一席粗肴宴懿亲

客溢蓬门家有幸　席陈淡酒主怀惭

几杯淡酒难称宴　一意留宾莫说归

陋室摆筵酬厚意　嘉宾上座叙欢情

节值仲冬迎淑女　时逢吉日款良朋

青梅酒熟凭君醉　红烛春浓任客谈

⑧后门用联

后话慢谈留客住　复邀相聚叙亲情

后槽关马留佳客　门第惭蜗宴上宾

◇根据季节撰写婚联

古语道：天时，地利，人和。可见“天时”在我国传统文化中的地位。婚嫁作为我国民间极为重要的事件，对“天时”的注意更毋庸多言。我国传统中不同的时节对婚联的使用都十分有讲究，以求借“天时”之便，得“人和”之好。下面举例以说明不同时节婚联的用法。

①正月新婚联

巧借新春迎淑女　善将元旦作婚期

人对艳妆饶艳福　樽倾春酒醉春光

春雨润春花春色处处艳　新人办新事新风人人夸

②二月新婚联

春风绿柳飞鹦鹉　夜雨华灯引凤凰

提壶鸟唤春当仲　比目鱼游水正温

日暖风和大好良辰迎上客　桃红柳绿方浓春色迓佳人

大地香飘蜂忙蝶戏相为伴　人间春满燕舞莺歌总成双

夫妇缔姻缘二月结婚花竞放　宾朋同祝贺百年偕老月长圆

时唯二月冀亲友欢情递盏　年逢五旬喜儿郎恋爱成婚

③三月新婚联

燕舞莺歌春已丽　鸾鸣凤唤日初长

莺簧蝶板娱嘉客　柳眼花须影玉人

天朗气清三星在户　筵开酒熟百辆迎门

红雨花村交颈鸳鸯成匹配　翠烟柳驿和鸣鸾凤共于飞

嘉客饮多杯莫负他红杏撩人绿杨击马　新婚逢三月宛如那黄莺作对粉蝶成双

④四月新婚联

绕屋扶疏杯映绿　照人欢爱烛摇红

节近麦秋行奠雁　时当孟夏咏关雎

麦浪芳菲莺花共艳　桃潭浓郁鱼水同欢

儿媳好姻缘四月新婚荷衬景　宾朋同祝贺百年佳偶柳关情

⑤五月新婚联

才子凌云闺咏月　榴花映日剑摇风

喜酒香浮铺酒绿　榴花艳映佩花红

佳期恰近端阳节　乐国长开吉利花

⑥六月新婚联

炎暑销金金屋见　荷花吐玉玉人来

新花瑞色浮妆阁　早稻薰风入酒卮

翠竹碧梧丽色映屏间孔雀　绿槐新柳欢声谐叶底新蝉

⑦七月新婚联

含笑花摇帘帐里　嫩凉秋到酒杯边

银汉新秋金闺佳偶　人间巧节天上佳期

试问夜如何牛女双星缠碧汉　欲知秋几许凤凰比翼下秦台

⑧八月新婚联

皓月清光增客兴　中秋佳节乐宾筵

饮对桂花情更雅　婚当八月意尤浓

朗月庆长圆光照庭前连瑶树　清云何灿烂瑞符天上告奎星

⑨九月新婚联

已缘鸿雁传尺素　且喜秋声入洞房

扫净苔阶迎淑女　酿成菊酒宴嘉宾

菊花艳放迎新妇　竹叶香浮宴贵宾

酒酿黄花情联鸾凤　诗题红叶梦协熊罴

⑩十月新婚联

梅花芳讯先春试　柏叶吟怀小雪初

点额新妆香飘梅岭　同心佳偶喜溢兰闺

花艳梅妆音和锦瑟　荫浓芝院庆衍兰阶

缔结良缘宜其家室　向阳花好荣荫庭园

⑪十一月新婚联

霜染竹叶藏青缕　露滴梅花点黛眉

冬至阳春冰欲泮　天寒炉暖酒尤香

小庭院难盛冲天喜气　好夫妻尽享盖世福缘

待客我怀惭几盏清汤浮素菜　结婚儿有幸一生香梦伴梅花

⑫十二月新婚联

载雪梅花飘绣阁　临风兰韵入香帏

拥慧扫门迎淑女　敲冰煮茗待嘉宾

香茗味传嘉客饮　蜡梅花放玉人来

梅蕊初放花开并蒂　凤凰于飞喜满华堂

⑬春季新婚联

佳偶同塑百年美　伉俪共育一枝春

春光绣出鸳鸯谱　夜月香斟琥珀杯

雨露滋培连理树　春风吹放合欢花

柳暗花明春正半　珠联璧合影成双

名花艳影同心侣　美酒春风并蒂莲

⑭夏季新婚联

枝头榴花红艳艳　绣帏凤侣情殷殷

美好姻缘天作合　清平时节日初长

⑮秋季新婚联

丹桂香飘云路近　玉箫声绕镜台高

借得花容添月色　权将秋夜代春宵

⑯冬季新婚联

彩照高悬鸳鸯舞　红梅怒放凤鸾鸣

雪案伴吟诗好咏　冬窗共读笔生花

同心盟订三生石　连理枝开十月花

节近新年丝牵翠幕　缔成佳偶玉种蓝田

◇婚联横批的撰写

一副完整的婚联，除上、下联外，横批亦为必需。下面列举一些横批。

相敬如宾　鸾凤和鸣　龙凤呈祥　有情眷属　永结同心　玉树琼枝

凤麟呈祥　喜成连理　志同道合　伉俪情深　燕尔新婚　百年佳偶

珠联璧合　举案齐眉　龙腾凤翔　笙磬同谐　天作之合　鱼水合欢

喜气生辉　福缘鸳鸯　互助互爱　忠诚相爱　白头偕老　情真意切

55

有哪些祝贺婚礼的好词好句？

以下是一些婚礼上亲友祝贺新人的佳句，供读者参考。

兰舟昨日系，今朝结丝萝，一对神仙眷侣，两颗白首同心，今宵同温鸳鸯梦，来年双飞乐重重，新婚同祝愿，百年好合天与共。

永不褪色的是互相的关心，是无穷无尽深深的爱！爱情也因这一刻的融合而更温馨更美好！祝你们白头偕老！

千年等待，缘定三生，今生今世，茫茫人海，你们相遇了，那是一种怎样的幸运啊！今天是你们牵手一生的日子，祝愿你们幸福美满。

从相识到相知，从相知到相爱，从相爱到携手一生，你们一路走来，走得甜甜蜜蜜，愿你们在今后的日子里，永远幸福相依。

相爱的手，紧紧相扣，得苍天保佑，把爱进行到底；两颗相惜的心，真情如金，有大地护佑，将心用力贴紧，祝新婚快乐！

为你祝福，为你欢笑，因为在今天，我的内心也跟你一样欢腾、快乐。祝你们，百年好合，白头到老！

祝你们共享爱情，共沐风雨，白头偕老，祝你们青春美丽，人生美丽，生命无憾。

两情相悦的最高境界是相对两无厌，祝福一对新人真心相爱，相约永远！

你们本就是天生一对，地造一双，而今共结连理，今后更需彼此宽容，互相照顾，祝福你们！

愿你俩用爱去缠着对方，彼此互相体谅和关怀，共同分享今后的苦与乐。祝你们百年好合，永结同心。

婚姻是人生大事，你们的选择是那样明智。在这个大喜的日子，我衷心祝愿两位新人同心同德，携手写一首人生的诗！

今天的风洋溢着喜悦与欢乐，今天的天弥漫着幸福与甜蜜，伸出你们的双手，接住大家的祝福，愿你们白头偕老，新婚大喜！

伸出爱的手，接住盈盈的祝福，让幸福绽放灿烂的花朵，迎向你们未来的日子。

祝贺你们！一生中只有一次美梦实现的奇迹，你俩的整个世界顿时变得绚丽新奇。

但愿天遂人愿，幸福与爱情无边！

让这缠绵的诗句，敲响幸福的钟声。愿你俩永浴爱河，白头偕老！

十年修得同船渡，百年修得共枕眠。于茫茫人海中找到她，分明是千年前的一段缘，祝你俩喜结连理，幸福美满。

用彼此的深情画出一道美丽的彩虹，架起爱情的桥梁。不分你我，共尝甘苦，融入彼此的生命，敬祝你们百年好合，永结同心。洞房花烛，交颈鸳鸯双得意，夫妻恩爱，和鸣鸾凤两多情！

百合送新人，祝百年好合；玫瑰送爱侣，祝爱情甜蜜；桂圆送夫妻，祝早生贵子；红包送月老，祝你们白头到老！

愿快乐的歌声永远伴着你们同行，愿你们婚后的生活洋溢着喜悦与欢快，让以后的每个日子都像今日这般喜悦！

在这“最特别”的日子，送上“最特别”的祝福，给“最特别”的你，希望你过得“特别特别”幸福！祝“特别”的你，新婚愉快！

各交出一只翅膀，天使新燕，以后共同飞翔在蓝天；各交出一份真情，神仙伴侣，以后共同恩爱在人间。

美丽的新娘好比玫瑰红酒，新郎就是那酒杯。恭喜你，酒与杯从此形影不离！祝福你，酒与杯从此恩恩爱爱！

56

有哪些适合活跃婚礼气氛的小游戏？

◇卡片祝福

游戏方法：在每一张桌上放一张卡片，用来给来宾写祝福语。等大家都写完后，由新郎新娘到每一桌去取。这时，拿着卡片的人可以要求新郎或新娘表演一个节目才给出卡片。比如，要新郎抱新娘、唱歌、猜谜等。等新人表演完之后，新人还要把所有卡片收集到一起交给主持人，由主持人从中挑选出有意思的话来，让新人再表演。

胜负判定：在新人到每桌取卡片时，客人对新人的表演满意，才将卡片交给新人。

◇传东西

游戏方法：由司仪把房间里普通的十件东西（比如，牙刷、唇膏、遥控器等）放入一个袋中，将这个袋传给客人们，给他们每人三十秒去摸这些物品，并让他们尽可能多地记下摸到的东西。为了加快游戏速度，可以准备两个袋，各放十件相同的东西，然后分两组传给客人。

胜负判定：写对最多的客人获胜。

◇**情歌接唱**

游戏方法：由司仪事先准备好几首透着喜气的情歌，不能让新郎新娘知道。游戏时宾客带头唱，再由新郎或新娘接力。如果新郎和新娘接不上，伴郎和伴娘可以帮着接唱。

胜负判定：唱错或不会唱，就是输了。

◇**了解新娘有多少**

游戏方法：这个游戏是考验新郎对新娘的了解程度，由来宾向新郎提问有关新娘的问题。为了使游戏顺利进行，可以准备几支笔、几张纸，由来宾将问题写好交给司仪，由司仪当众念出，要求新郎当众解答。问题可以千奇百怪，这里推荐几个：

①新娘最喜欢的颜色是什么？

②新娘与新郎如何相遇？

③新娘最喜欢的音乐组合是哪个？

④新娘的生日是哪一天？

⑤新娘最喜欢的电影是什么？

⑥新娘少年时第一位偶像是谁？

胜负判定：新郎答对了，新娘亲新郎一下以示鼓励；答错了，罚新郎喝酒一杯或背新娘绕场三圈。

◇**同甘共苦**

游戏方法：准备信封五个（分别编上1-5号），白纸数张，柠檬十五片。准备一些有关新郎与新娘的问题。由一位男宾客拿一碟柠檬片，一位女宾客负责拿五个写有1-5号的信封，再由伴郎问问题，例如问新郎，新娘喜欢吃什么水果。新郎及新娘分别把自己的答案写在白纸上，之后新郎要讲出新娘的答案，而新娘亦要讲出新郎的答案。

胜负判定：如果一方回答与另一方所写的答案不符，便是答错了。答错者需在女宾客手上取一信封，信封上的编号就是要吃柠檬的片数，游戏直至把柠檬吃完为止。

◇夹弹子

游戏方法：新郎新娘一组，伴郎伴娘一组，或是现场来宾自由组队，两人一组。准备一盘玻璃弹子，让每组的两个人各执一根筷子，两人一齐将弹子夹出。

胜负判定：在规定的时间内，夹出弹子最少的一组表演节目。

◇南瓜赛跑

游戏方法：在场地上画两条相距五米的直线。给每人发一个南瓜、一把小勺，排在起点线。主持人发令后，比赛者用一把小勺推着南瓜跑，绝对不能用手碰南瓜。比赛用的勺子越小，游戏就越有意思。

胜负判定：谁先把南瓜推到终点谁就是赢家，最后到达的要被罚表演节目。

◇吹气球

游戏方法：准备好足够的中号气球，往气球里面灌进一些彩色的碎纸末。限时两分钟，由参赛者把气球一个个吹爆。注意提醒参赛者吸气时不要把纸末吸进嘴里。当气球爆炸的那一刻，碎纸末飞出，犹如漫天烟花，很壮观。

胜负判定：在规定时间内，吹爆气球最多者为胜。

◇**扮时钟**

游戏方法：在白纸板上画一个大的时钟模型，将时钟的刻度标示出来。三位来宾分别扮演时钟的秒针、分针和时针，手上拿着三种长度不一的棍子或其他道具（代表时钟的指针），在时钟前面站成一列（注意是背向白板或墙壁，扮演者看不到时钟模型）。主持人任意说一个时刻，比如，现在是3时45分15秒，三个人要迅速地将代表指针的道具指向正确的位置。

胜负判定：指示错误或指示慢的人受罚。

◇**幸运大白鲨**

游戏方法：玩具“幸运大白鲨”的构造非常简单，但玩起来却趣味无穷。将大白鲨的嘴掰开，然后按下它的下排牙齿，这些牙齿中只有一颗会牵动鲨鱼嘴，使其合上。如果你按到这一颗，鲨鱼嘴会突然合上，咬住你的手指。

胜负判定：可以在酒桌上把它作为赌运气的酒具，几个人轮流按动，如果被鲨鱼咬到则罚酒。

◇**拍七令**

游戏方法：这个游戏适合在吃喜宴中进行。同一桌的来宾从1-99轮流报数，一旦有人数到含有“7”的数字或“7”的倍数时，不许报数，要说一声“过”， 下一个人继续报数。

胜负判定：如果有人报错数或没说“过”则罚酒。

◇**捞元宵**

游戏方法：在脸盆里放半盆清水和二十个乒乓球。游戏者三人，手持汤匙。比赛开始，各自从盆里捞“元宵”（乒乓球）。每次只能捞一个，捞完为止。为了渲染气氛，可以放音乐助兴。

胜负判定：捞得最多者获胜，最少者为输，可由获胜者点节目让输者表演。

◇拼搏

游戏方法：在场地上画一直径约两米的圆圈。选出一位来宾，让新郎和来宾站在圈内，两人手臂交叉搂抱住一个球（篮、排、足球均可）。主持人发令后，双方开始用力争夺球，但不能踩圈、出圈。另外，不得用脚绊对方或用身子挤对方出界。

胜负判定：夺过球者为胜，争夺中一方抬手、摔倒或出圈，均为失败，失败者要表演节目或罚酒。

◇斗鸡

游戏方法：在地上画一圆圈，让新郎和选出的一位来宾在圈内站立，并抬起一条腿。两个人用单脚跳，并用双手推对方手掌。游戏中不得推对方手掌以外的部位或拉拽对方，但可以躲闪。其他来宾可为两人加油助威。

胜负判定：把对方推出圈者为胜，被推出圈者要表演节目或罚酒。

◇击鼓传花

游戏方法：参加游戏者围坐成一个大圆圈。先将花放在一名来宾手中，鼓声响起，开始迅速传递手中的花（一个接一个传下去），然后鼓声停止，看花在谁的手中，接着再开始击鼓。此游戏的优点是参与人数多，气氛热烈。

胜负判定：每次鼓声停止时，花在谁的手中，就请谁给大家表演一个节目。

57

婚礼现场应注意哪些礼仪禁忌？

前去参加亲朋好友的婚礼有一些基本的禁忌须了解，以免影响婚礼效果。

◇话题要紧紧围绕婚礼

千万不要只顾谈你自己，不要谈你的感受怎样、昨天你做了些什么事情等。

◇不要占用新人过多的时间

不应计较新人与你相处、交谈时间的长短，因为在这样的喜庆日子里，新人需要接待的人很多。如你想在婚礼上告退，除非新人刚好在旁边且空着无事，一般不必向新人面辞，可发信息告知。

◇注意吃相

由于婚宴上宾客众多，吃相也要格外注意，否则负面形象会被广泛传播。如果是西式婚宴，可能还要提前做些“功课”，以免席间露怯。

◇注意与其他宾客的交往

婚宴上的众多宾客，也许有很多是不熟悉或是根本不认识的，在这样隆重的场合就要更加注意礼节，一个彬彬有礼的人在任何场合都会受到尊重。

◇注意开玩笑要有度

在婚礼上戏耍新人的确能给宾客们带来快乐，活跃现场气氛，但稍有不当就容易变成恶作剧，令人讨厌。例如拿颜料涂抹新人的脸和四肢，容易弄脏新人的衣服，如果他们的服装价值不菲且是租来的，则会造成大笔损失。想出各种刁钻主意让新人表演节目，也容易让新人陷入尴尬。

参加婚礼时应始终表现得礼貌、大方。遇到与新人开玩笑的环节，应掌握分寸，不要在极为隆重的场合和环节戏耍新人。如果有人与新人开玩笑过头了，也应出面婉言相劝。

第四章

企业庆典礼仪

58

开业典礼需要做哪些准备工作？

开业典礼是企业或店铺在成立或开张时，经过精心策划，按照一定的程序专门举行的一种庆祝仪式。不论是城市的商家，还是农村的店主，不论是赫赫大店，还是个体小店，他们在成立或开张时，必有开业庆典。举行开业典礼的目的是为了营造喜庆的气氛，以扩大影响，塑造自身的良好形象。诚然，开业主体的情况不同，开业典礼仪式的规模、风格会有不同。一般来说，较大型的企业会把开业典礼当作企业提高社交水平及展现文化素质的一次练习，其组织者必经过精心策划，按照一定的程序举行开业仪式。

开业典礼能够体现出企业领导的组织能力、社交水平及文化素质，往往会成为社会公众取舍和亲疏企业的重要参考。开业庆典仪式进行的时间极其短暂，要营造出现场的热烈气氛，取得成功，绝非一桩易事。由于它牵涉面甚广，影响面巨大，不能不对其进行认真的筹备。对此，主办单位务必要给予高度重视。

较大型的开业典礼一般要从以下几个方面做好准备：

◇择定日期

文化素养较高的组织者一般从科学的角度选择开业日期，其原则是让开业典礼起到最佳效果。但也有人顺从民俗，如现在流行选择有“八”的日子，如初八、十八、二十八，因为“八”与“发”谐音，这表现的是商人们的美好祈盼。乡镇还有个别店主沿用旧时的方法，即查看历书“开市开工营商吉课”，从中选定吉日，迷信色彩较浓。

◇传媒准备

商家利用传媒在报纸、电台、电视台广泛发布广告，或在告示栏中张贴开业启事，以引起公众的注意。这些广告或启事的内容一般包括开业典礼举行的日期、地点、企业的经营范围及特色、开业的优惠情况等。广告或启事一般是在开业前的3-5天发布。另外，企业还可邀请一些记者在开业典礼举行之时到现场进行采访、报道，予以正面宣传。

◇确定参典人员

一般来讲，参加开业典礼的人士包括上级领导、社会名流、新闻界人士、同行业代表、社区负责人等。邀请这些人参加对本企业今后的发展有帮助。如邀请社会名流，是为了通过名人效应，更好地提高本企业的知名度；邀请新闻界人士，是为了通过他们公正的报道，让社会对本企业更了解和认同，进一步扩大社会影响。

◇寄柬发函

出席开业典礼的人员一旦确定，一般是提前一周发出请柬，便于被邀请者及早安排和准备。请柬可去商店购买，也可自己印制。发出前应认真工整填写好内容。一般的请柬是通过邮局邮寄，给有名望的人士或主要领导的请柬则派专人送达，以表示诚恳和尊重。有的邀请者为表示自己的慎重、热情，也发送邀请信。邀请信与普通书信样式相仿，但讲究内容完整，文字简洁，措辞热情诚挚。

◇环境布置

为了烘托出热烈、隆重、喜庆的气氛，要在现场悬挂“××商场开业典礼”“××公司隆重开业”的横幅，两侧布置一些来宾送的贺匾、花篮、盆花，会场四周悬挂彩灯、气球，气球下面悬挂巨幅标语，迎风飘荡，场面壮观。

◇拟定典礼程序和接待事项

负责签到、留言、题词、接待、剪彩、鸣炮、奏乐以及摄影、录像等有关服务工作的人员，应及时到达指定岗位，按照典礼程序有条不紊地进行工作。

◇确定剪彩人员

参加剪彩的除主办方负责人外，还应在宾客中邀请地位较高、有一定声望的知名人士进行剪彩。

◇拟写贺词或答词

事先确定好致贺词的宾客名单，并为本单位负责人拟写答词。贺词和答词都要言简意赅，达到沟通感情、增进友谊的目的。

◇安排庆祝节目

开业典礼一般需要安排一些必要的庆祝节目，以营造热烈欢快的气氛。庆祝节目最好由本企业员工表演，这样可以培养员工当家做主的精神和自豪感。若本企业没有这方面人才，也可以邀请外单位的人前来助兴。

开业典礼以宣传企业、扩大知名度、塑造自身良好形象为目的，应本着热烈、隆重、欢快和节约的原则进行，力戒铺张浪费和盲目攀比。

59

开业典礼有哪些基本环节？

开业典礼一般都按约定俗成的形式举行。开业典礼活动大致是三段式，即开场、过程、结尾。在典礼进行过程中可奏乐或播放节奏明快的乐曲，也可以安排助兴节目；可以安排锣鼓、舞狮舞龙等节目，还可以表演一些小型民间歌舞节目。在非限制燃放鞭炮的地区，可燃放鞭炮庆贺。一般情况下，应按照如下典礼程序进行：

◇典礼开始

主持人宣布开业典礼正式开始，全体起立，鸣放鞭炮，奏乐。

◇由主持人介绍来宾

主持人在介绍各位来宾时应遵循由职位高到职位低、先长后幼、先女后男的礼仪顺序，介绍时应将来宾的姓名、身份及职务、单位以及与本企业的关系交代清楚。态度应热情友好，语言清晰明快，不要使用易产生歧义的简称。

◇致贺词

由上级领导或来宾代表致祝贺词，主要表达对开业单位的祝贺，祝其生意兴隆。贺词应言简意明、热烈庄重，包含真诚祝愿和友好善意，切忌信口开河、长篇大论。整个讲话仪式应紧凑简洁。

◇致答词

由本企业负责人致答词，其主要内容是向来宾及祝贺单位表示感谢，并简要介绍本单位的经营特色和经营目标等。

◇揭幕或剪彩

揭幕是由本企业负责人、上级领导以及重要嘉宾行至彩幕前恭立，由礼仪小姐将开启彩幕的绳索交到各位揭幕人手中，随后众人揭去盖在牌匾上的彩幕。

剪彩的彩带通常是用红绸制作的，剪彩前应事先准备好剪刀、托盘和彩带。剪彩时，由礼仪小姐拉好彩带，端好托盘。剪彩者用剪刀将彩带上的花朵剪下，放在托盘内。这时，场内应以掌声表示祝贺。

◇参观座谈

典礼仪式结束后，主人可引导来宾进入本企业内参观，介绍本企业的主要设施、特色商品、经营计划，并征询意见，以融洽与各界人士的关系。这也是让上级领导、同行和社会公众了解本企业产品的好机会；也可与来宾进行简短的座谈，或请来宾在留言簿上留言签字和合影留念。通过座谈和留言的形式广泛征求意见，并尽快将意见和建议综合整理出来，以达到总结经验、提升产品的目的。

◇欢迎首批顾客光临

若是商场开业，典礼结束后即正式对外营业。商场领导和营业员应恭敬地站在门口迎接首批顾客光临。对刚开业的首批顾客，营业员更应注重售货礼仪，适时说声“欢迎光临”等表示感谢的话，还可准备一些印有开业典礼字样的购物袋，赠给顾客，以作纪念。

◇举行招待酒会或文艺演出

重大的开业典礼往往还要举行招待酒会，甚至邀请文艺团体前来演出（也可以组织本企业的员工演出）。

总之，开业典礼的形式及程序并不十分复杂，但要办得热烈隆重、丰富多彩，给人留下深刻的、良好的印象，一定要重视其中的礼仪细节。

60

布置开业典礼的现场有哪些注意事项？

开业典礼是一次树立企业形象、扩大社会影响力的难得的机遇。要达到这一目的，一项重要的礼仪要求就是要做好开业典礼的场地布置工作。

开业典礼仪式多在开业现场举行，一般设在企业或商场正门门口。现场布置要突出喜庆感，渲染热烈气氛。一般要悬挂会标，准备好音响、照明设备，排列好花篮。要挑选空阔的场地，以便容纳观众。如果对交通有所影响，要事先取得交通管理部门的同意。

按惯例，举行开业仪式时宾主一律站立，故一般不布置主席台或座椅。为显示隆重与敬客，可在来宾尤其是贵宾站立之处铺设红色地毯，并在场地四周醒目之处摆放来宾及兄弟单位赠送的花篮、牌匾。来宾的签到簿、本单位的宣传材料、待客的饮料等，亦须提前备好。也可准备一些价廉物美的、具有纪念性和宣传性的纪念品。物质准备既要隆重，又要得体。对于开业仪式举行之时所需使用的用具、设备，必须事先认真进行检查、调试，以防其在使用时出现差错。

61

邀请出席开业典礼的来宾有哪些礼仪要求？

开业仪式影响的大小，实际上取决于来宾身份的高低与数量的多少。在力所能及的条件下，一是要力争多邀请一些来宾参加开业仪式。地方领导、上级主管部门与地方职能管理部门的领导、合作单位与同行单位的领导、社会团体的负责人、社会贤达，都是邀请时应优先考虑的重点；二是选择有效的大众传播媒介，邀请有关的大众传播界人士在开业仪式举行之时到场进行采访、报道，以便对本单位进行进一步的正面宣传。

邀请时应告知开业仪式举行的日期、地点、开业之际对顾客的优惠、开业单位的经营特色等。其礼仪程序如下：

◇精心拟定出席典礼的宾客名单

首先通过调查研究，精心拟出宾客的名单，一般邀请宾客的范围如下：

①上级领导。邀请他们参加主要是为了感谢他们给予单位的关心、支持。

②社会名流。通过“名人效应”，更好地提高本单位的知名度。

③新闻界人士。通过他们公正的报道，加深社会对本单位的了解和认同，进一步扩大单位的社会影响。

④同行业代表。邀请他们是为了表明希望彼此合作、促进本行业共同发展的愿望。

⑤公众代表。通过他们搞好企业与社会的关系，让更多的人关心、支持本企业的发展。

◇将拟定好的名单以正规的形式送达

为慎重起见，邀请来宾的请柬应认真书写，并装入精美的信封，由专人提前送达对方手中，以便对方早做安排，在开业前还要安排专人核实确认。

62

主办方参加开业典礼有哪些礼仪要求？

对于开业典礼的组织者来说，整个仪式过程就是礼待宾客的过程，从企业负责人到工作人员，每个人的仪容、仪表、言谈举止都关系到企业的形象。假如有的人在仪式中精神风貌不佳，不讲究穿着打扮，行为举止不当，很容易给本单位的形象带来负面影响。因此，作为开业主办方的出席者，在参加开业典礼时必须注意符合礼仪规范要求。

◇仪容整洁得体

所有出席本单位典礼的人员，事前都要做适当的修饰，女士要适当化妆，男士应梳理好头发，剃掉胡须。任何人不得蓬头垢面、胡子拉碴，给单位的形象抹黑。

◇服饰规范统一

有条件的单位最好着统一式样的服装，没有条件的，应要求每个人穿着礼仪性服装，即男士穿深色西装或中山装，女士穿深色西装套裙或套装。绝不能在服饰方面太随意，给人很凌乱的感觉。

◇**准备充分，服务周到**

请柬的发放应按时，不得有遗漏。席位的安排要讲究，一般按身份与职务高低确定主席台座次及贵宾席位。另外，还应为来宾准备好迎送车辆等。

◇**遵守时间，准时开始和结束**

出席本企业开业典礼的每一位工作人员都应严格遵守时间，不得迟到、无故缺席或中途退场。如果仪式的起止时间已经公布，主办单位应准时开始、准时结束，向社会证明本单位守时守信。

◇**态度友善，举止文明**

主办方的所有工作人员遇到来宾要主动热情地问好，对来宾提出的问题应予以友善的答复。当来宾发表贺词后，应主动鼓掌表示感谢，不能起哄、鼓倒掌，不能随意打断来宾的讲话、向其提出挑衅性问题，或是对来宾进行人身攻击。

主办方人员还要注意举止得体，充分展示本单位文明礼貌的良好风范。典礼过程中，主办方人员不得追逐打闹，不得做与典礼无关的事，不要东张西望，一再看时间，表现得心不在焉。

63

参加开业典礼的来宾有哪些礼仪要求？

参加开业典礼的宾客也要注意礼节，避免因失礼而影响开业典礼的效果。

◇准时到场

作为受邀嘉宾，准时守约是应有的礼仪表现。确有特殊情况不能到场，应尽早通知主办方，以免辜负主人的盛情，并给典礼安排带来不必要的麻烦。

◇表示祝贺

宾客在开业典礼前或开业典礼时，可送些贺礼，如花篮、镜匾、楹联等，以表示对开业方的祝贺，并在贺礼上写明庆贺对象、庆贺缘由、贺词及祝贺单位。到了现场后，见到主人应向其表示祝贺，并说一些祝福语。

◇举止文明

嘉宾入座后应礼貌地与邻座打招呼，可通过自我介绍、互换名片等方式结识更多的朋友。在典礼上致贺词时，要简短精练，不能随意发挥、拖延时间，而且要表现得沉着冷静、心平气和，注意文明用语，少用含义不明的手势。在典礼过程中，宾客要根据典礼的进展情况，做一些礼节性的附和，如鼓掌、跟随参观、写留言等。

◇礼貌告别

典礼结束后，宾客离开时应与主办单位的领导、主持人、服务人员等握手告别，并致谢意。

64

如何撰写商业贺联？

祝贺商店开张的对联，除了采用一些各类商店都可用的通用联外，一般要切合该店的实际，将美好祝愿与经营特色融为一体。兼具礼仪和实用特点的商业对联，会给商店增添风雅气氛，给顾客带来美好的享受，亦可借此做经营宣传，扩大影响。

相传有一年除夕夜，乾隆皇帝脱去龙袍，换上便服，到大街巡视。他见一鞋店没春联，经打听，方知店主因生意不好，无心张贴。乾隆于是略加思考，提笔赠了一副趣联：“大楦头，小楦头，打出穷鬼去；粗麻绳，细麻绳，引进财神来。”横批是“鞋店兴隆”。故事传开，人们纷纷前来观看，店主殷勤接待，鞋店生意果然兴隆起来。

如今，庆贺商店开张的现成对联很多，可按具体情况选用。这里推荐一些较好的颇具时代气息的通用的贺联。

公平交易　信誉往来

宏图大展　裕业有孚

公平有德　和气致祥

隆声远布　兴业长新

春阳乍暖　伟业初开

兴隆大业　昌裕后人

盈余得利　奉富多财

吉祥开业　大富启源

万商云集　兴业日新

货如轮转　客似云来

开业逢盛世　发财在今朝

生意似春笋　财源如海潮

生意如春意　财源似水源

昌期开景运　泰象启阳春

货好门若市　心公客常来

物美畅销路　价廉称客心

生意春前草　财源雨后泉

恒心有恒业　隆德享隆名

价廉销路广　物美客人多

吉星常在店　祥霭喜临门

生意如同春意满　财源更比流水长

友以义交情可久　财从道取利方长

生意兴隆通四海　财源茂盛达三江

财凭薄利多销发　店向春风晓日开

货凭万客千家选　门向四方八面开

三尺柜台风月好　四方顾客友情深

五湖寄迹陶公业　四海交游晏子风

一点公心平似水　十分生意稳如山

百货风行财政裕　万商云集市声欢

根深叶茂无疆业　源远流长有道财

门市笑纳远近客　柜台喜迎城乡宾

满面春风迎客至　四时生意在人为

财源滚滚如君意　文明待人舒客心

货有高低三等价　客无远近一般亲

文明经商购销两旺　礼貌待客童叟无欺

经之营之财恒足矣　悠也久也利莫大焉

三尺柜台百问不厌　一双巧手千挑何妨

东风利市春来有象　生意兴隆日进无疆

风律新调三阳开泰　鸿猷丕振四季亨通

百问不烦百拿不厌　笑容常在笑口常开

基业宏开懋迁有术　货财恒足悠久无疆

65

如何选赠开业的花篮？

◇贺开业适合送的花卉

万年青象征四季常绿

月季代表兴旺通达

阳菊表示欣欣向荣

桃花象征好兆将至

火百合代表喜气洋洋

牡丹代表富贵昌盛

山毛榉树象征昌盛、兴旺

向日葵代表尊重、显赫

◇适宜送老板的花卉

美人蕉代表坚实厚重

海芋象征热情洋溢

黄杨代表坚强、执着

冷杉树象征高尚

茴香表示潜力无穷

桂枝代表才识渊博

棕榈象征旗开得胜

鸟不宿表示慎重、小心

红丁香象征勤勉刻苦

菟丝子示意拼搏向上

鸟不宿、红丁香、菟丝子组成花束意思是“望君努力，定能成功”

此外，庆贺开业所赠送的花篮上，一般应附上一些贺词佳句。下面选取了一些。

敬贺开张，并祝吉祥。

吉祥开业，大富启源。

永隆大业，昌裕后人。

隆声援布，兴业长新。

恭喜发财，开业大吉。

恒心有恒业，隆德享隆名。

昌期开景运，泰象启阳春。

恭祝开业大吉，黄金遍地。

门迎晓日财源广，户纳春风喜庆多。

祝福贵店开业大吉，生意红红火火。

物质文明称巨子，商情豁达属先生。

东风利市春来有象，生意兴隆日进无疆。

相宅而居，骏业开张安乐土；多财善贾，鸿名共仰大商家。

一束鲜花，一份真情，一份信念，祝开业吉祥，大富启源。

愿您生意兴隆，广聚天下客，一揽八方财。

66

如何策划企业的周年庆典活动？

周年庆典活动，是企业为庆祝成立周年纪念日而举行的一种公共关系专题活动。一般企业的周年庆典活动，通常是逢五、逢十进行的，即在本单位成立五周年、十周年以及它们的整数倍年进行。对企业而言，在成立周年纪念日，按照礼仪程序举行具有一定规模的形式隆重而又热烈的庆典活动，对宣传企业、提高企业知名度具有十分重要的作用。

高质量的策划方案，是圆满举办企业周年庆典活动的前提。策划就是为了使庆典活动取得预期目标，从而进行构思、设计、拟订合理可行的方案。涉及的内容包括主题选定、时间地点、流程安排、邀请来宾、经费预算等。

◇确定企业周年庆典的主题

对于庆典的主题，企业负责人应在企业内外广泛征求意见的基础上，通过充分沟通，明确企业举办周年庆典的主要目的，再根据社会环境、人文环境等因素来确定活动的主题。在做策划方案时，内容应紧紧围绕着主题展开。以庆祝为中心，把每一项具体活动都尽可能组织得热烈、隆重。不论是举行庆典的具体场合，还是全体出席者的情绪、表现，都要体现出热闹、喜悦的气氛，以达到周年庆典的目的。

◇**选择周年庆典的时间和地点**

企业举办周年庆典活动的时间，应着重考虑到企业的行业特点，主要嘉宾和领导是否能够准时参加，大多数目标公众是否能够参加，最高活动效率时间段等因素，此外还要注意天气变化，尽量避开节假日。结合企业的具体成立日期以及庆典实际达到的效果来确定庆典时间，保证充分的准备时间，事前共同协商到位。

举行周年庆典仪式的现场是整个庆典活动的中心，其安排、布置是否恰如其分，往往会直接影响庆典留给全体出席者的印象。企业在选择具体地点时，应结合周年庆典的规模、影响力以及本公司的实际情况。本企业的礼堂、会议厅、门前的广场以及外租会场等，均可以作为场地备选。如果在室外举行庆典，要注意不要制造噪声或妨碍交通、治安。

◇**拟订活动流程**

确定了周年庆典的主题后，就要科学拟订庆典活动流程。企业周年庆典活动的一般流程是：请来宾就座，介绍嘉宾——宣布庆典正式开始，全体起立，奏乐——本企业主要负责人致辞，邀请嘉宾讲话——安排文艺演出——邀请来宾参观或其他活动。由于每个企业的情况不同，企业可以根据自己的实际需要缩减或扩充活动内容，也可以利用表格等详细列出具体内容。

◇**邀请来宾**

在确定企业周年庆典活动出席来宾的名单时，应注意邀请对象要尽量全面。一般受邀对象应包括相关领导、社会名流、同行人士、员工代表、新闻记者等。

来宾确定后，应根据名单制作请柬，一丝不苟地拟写内容，折好，套封皮、系丝线，装信封，按照嘉宾地址核对无误后将请柬寄出。随后，有关工作人员应按照名单逐一联络询问嘉宾是否收到，对方是否光临，并把得到的反馈信息仔细地在名单备注一栏里写清楚。

◇做周年庆典的活动经费预算

做经费预算是顺利实施企业周年庆典活动的基本保障。企业要按照节俭、高效的原则，根据周年庆典的规格和规模制定可行的经费预算方案。做经费预算时要考虑租场费、印刷费、会场布置费、茶点费、礼品费、文具费、邮费、电话费、交通费等。

67

办企业周年庆典活动有哪些需要注意的地方？

◇注重宣传，强调纪念意义

企业周年庆典与一般的庆祝典礼不同的是，通常都备有纪念册，通过文字、图片、图表等，全面介绍企业的情况和主要产品以及未来发展方向，从中可以看到企业的发展过程。纪念册有助于树立企业形象，可作为纪念宣传礼物送给来宾、新闻媒介人员。

另外，还可专门制作有纪念意义的礼品发给来宾，如纪念章、印有本单位庆典活动字样的茶杯、毛巾、T恤衫、提包等，还可以举办“××周年成就展览”，对该单位或个人取得的成就加以集中宣传，实物、文字、图片、影像等手段都可以加以利用，安排专人负责接待参观。

◇准备应急预案

再完善周密的策划方案，都难以保证企业周年庆典过程中不会发生意外情况，打乱原有的安排。因此还要制定一套严密的应急方案，对策划方案的各个环节进行认真的检查，如安全通道是否通畅、设备隐患是否排除、消防通道是否畅通、应急的组织和人员是否到位、应急的车辆是否准备停当、指挥沟通系统是否灵敏等。在充分考虑周年庆典活动中可能出现的意外情况后，应确定活动应急预案，保证万无一失。

68

如何做好企业周年庆典活动的发布和宣传工作？

举办企业周年庆典活动，是一次扩大公关宣传影响力、提高企业知名度的有利契机，因此，企业要抓住这难得的机遇做好舆论宣传工作，树立企业正面的社会形象。做好宣传工作，要注意以下两个方面：

◇认真审核要发布的信息

审核庆典活动的新闻稿。与新闻媒体接触，一般需要公共宣传人员提供新闻稿件，因此，负责宣传的人员必须具备新闻写作的基本知识与技巧。报送、审核庆典活动的新闻稿时要重点关注所有报道的信息是否客观属实，是否为广大受众所关心且未知的，是否简明扼要、精悍凝练地传达了信息，是否抓住了公众的注意力而吸引公众继续阅读，是否注明了庆典活动主题以及主办者。

审核提供给新闻单位的图片、表格和音像资料。对于提供给新闻单位的资料要加强审核，特别是涉及知识产权、商业机密内容的资料更是要认真把关，以免因失误对企业造成负面影响。

◇认真选择发布信息的媒体

做好这项工作要考虑媒体与企业的适应性。发布会议信息的人员在选择媒体时要了解各种媒体的重点和偏好。电子媒体和报纸通常很注重新闻的及时性，而杂志则对那些有深度的过往新闻比较感兴趣，日报和电视有时也会发布一些时效性不强的新闻。

在选择媒体时要兼顾新闻的覆盖面、受众群体、费用和时效。同时，要尽量邀请与本企业关系良好的媒体。

69

如何做好嘉宾的接待工作？

企业周年庆典活动的一项重要礼仪，就是要做好来宾的接待工作。对此要做好以下几项工作：

◇设立庆典的接待小组

接待小组成员应由年轻、精干、身材与形象较好、口头表达能力和应变能力较强的青年员工组成。其具体工作有以下几项：

①来宾的迎送。即在举行庆祝仪式的现场迎接或送别来宾。

②来宾的引导。即由专人负责为来宾带路，将其送到既定的地点。

③来宾的陪同。对于某些年事已高或非常重要的来宾，应安排专人陪同始终，以便关心与照顾。

④来宾的招待。即指派专人为来宾送饮料、上点心以及提供其他方面的关照。

◇做好迎送工作

周年庆祝典礼的规模一般都较大，会议组织者应当妥善做好迎送工作。来宾莅临时，应由专人引入来宾室或会场。上级部门的领导，应由主办单位负责人亲自迎送。会间要备好足够的茶水，以备与会者饮用。凡应邀出席庆典的来宾，绝大多数人对本单位都是关心和友好的，因此，当他们光临时，主人没有任何理由不让他们受到热烈而且合乎礼仪的接待。将心比心，在来宾的接待上若得过且过、马马虎虎，有损来宾与企业的关系。

与一般商务交往中来宾的接待相比，对出席企业周年庆典仪式的来宾的接待，更应突出礼仪性的特点。应当热心细致地照顾好全体来宾，通过主办方的接待工作，使来宾感受到主人真挚的尊重与敬意。

70

参加企业周年庆典需要注意哪些礼仪规范？

参加周年庆典仪式的人员都应该注意自己的礼仪规范，保证会场的井然有序，使仪式能够顺利进行。

◇主持人的礼仪规范

在庆典仪式进行过程中，主持人的礼仪表现是最受人关注的。所以，在庆典举行期间，主持人一定要多加注意自己的言谈举止。在发言的时候要注意礼貌用语，比如，发言尽量以“大家好”或“各位好”为开始。在表示感谢时，应该郑重地欠身施礼，并且目视对方。对于大家的鼓掌，应以自己的掌声来回礼。结尾的时候应当说一句“谢谢大家”。在整个庆典仪式的过程中，主持人不能为了追求热烈气氛而使用华丽的辞藻，言过其实，让人听了感觉失真，影响来宾的情绪。应该在合乎会场气氛的前提下，尽量使用通俗易懂的语句，少用书面语，多运用朴实的语言，发自内心地述说，这样会让来宾更容易接受。

◇企业员工的礼仪规范

作为主办方出席周年庆典仪式的人员也应该注重自己的礼仪表现。作为东道主，在出席庆典时必须要注意以下几个方面的礼仪：

首先，要仪容整洁。参加庆典的企业员工，事先要洗澡、理发，男士应刮胡须。本单位的人员不应蓬头垢面、胡子拉碴、浑身臭汗。

其次，要服饰规范。有统一式样制服的单位，应要求以制服作为本单位人员的庆典着装。无制服的单位，应规定届时出席庆典的本单位人员必须穿着礼仪性服装。

最后，遵守时间规定，准时开始，准时结束。所有的员工都应该准时进场。不能无故缺席或者中途退场。

◇服务人员的礼仪规范

主办方的服务人员对待来宾的态度要友好，遇到来宾要主动热情地问好，对来宾提出的问题要立即予以友善的答复。当来宾在庆典上发表贺词时，或是随后进行参观时，要主动鼓掌表示欢迎或感谢。

◇来宾发言的礼仪规范

来宾走向讲台时应沉着冷静、平心静气；发言时要态度谦和、讲究礼貌、表达简洁、用词准确、语调合理、语速适中、满怀诚意；发言时间宁短毋长，一定要在规定的时间内结束，不要随意发挥，信口开河；发言时应当少做手势，含义不明的手势在发言时坚决不用。

71

如何做好庆典活动中的安全工作？

保障企业周年庆典活动的安全是一项十分重要的工作，要根据企业的实际需要和庆典活动的规模、主题、参加人员来安排。如无特殊需要，由本企业的安保人员做一般性保卫工作即可。

负责安全保卫工作的部门，应该参加庆典活动的筹备工作，根据要求制订保卫的实施计划；做好与会人员的接送保卫工作、会议会场和住所安全的保卫工作；与交通管理部门取得联系，安排会议交通方面的保卫工作；印制会议所需的证件，如会议住所和会场出入证件、会议专用车辆通行证件等。

庆典活动的安全保卫工作，应在主办方的统一领导下进行。准备工作要做得细致而扎实、慎之又慎，不遗漏任何一个细节，特别是要有预防突发事件的应急准备，以保证在关键时刻能迅速反应，防止造成严重损失。

◇做好与会领导的安全保卫工作

与会领导的安全保卫工作是整个庆典活动安保工作的重点，做好这一工作的基本原则是内紧外松，既不声张、不大举公开安全保卫，以免造成紧张局面，给领导带来思想压力，但又不能因此松懈，造成不应有的损失。

保卫人员在领导参加活动期间，必须坚守岗位、集中精力，密切注意周围环境和人员的举动，不得有丝毫松懈。安全保卫工作不应干扰到领导的工作和活动。在执行安全保卫工作期间，如遇异常情况，保卫人员要及时向领导报告，采取措施。如遇紧急情况，要当机立断，事后再向领导报告。

◇做好会场的安全保卫工作

会场是参加周年庆典人员集中活动的场所，人员集中，一旦出现意外，后果不堪设想。因此，保卫部门要在会前对会场内和会场外的环境做详细的检查，排除爆炸、火灾等安全隐患；要同当地公安部门取得联系，以便应对突发情况。保卫部门工作的侧重点应放在会场外的社会治安方面，维护好会场外围的秩序。会议期间，保卫部门要严格检查与会人员的出入证件，防止与会议无关的人混入。

◇做好会议住所的安全保卫工作

这一工作大体同会场的安全保卫工作相同。保卫部门要加强住所的出入证件的检查，与会议无关的人员非经允许不得擅自进入。与会人员会客要有详细的登记，特殊情况下，要经过有关部门领导的批准。同时，要对与会人员提出明确具体的要求，并严格执行。

会议住所的安全保卫工作，可以和生活管理工作结合起来进行，主要包括饮食安全、购物安全、文化娱乐安全和各种用具、设备使用的安全等。饮食方面注意的重点是防止投毒事件的发生；娱乐方面注意的重点是防止意外事故的发生，如拥挤伤人、到险地游玩等；财物方面注意的重点是与会人员携带的文件和大宗款项的安全，会议保卫部门应提供代管代存服务，防止丢失；用具和设备使用方面注意的重点是防止因使用不当危及人身安全或造成财产损失。

72

剪彩的传统是怎么来的？

剪彩仪式的起源有不同说法。一说，起源于美国。据说美国人做生意有一种习俗，即清早必须把店门打开，为了使人们知道这是一家新开张的店铺，还要特地在门前横系上一条布带。因为这样做既可以防止店铺未开张时闯进闲人，又起到引人注目、标新立异的作用。等店铺正式开张时，店主才将布带取走。

1912 年，美国有一家大百货公司将要开张，老板严格地按照当地的风俗办事，在店门前横系着一条布带，万事俱备，只等开张。这时，老板十岁的女儿牵着一只哈巴狗从店里匆匆跑出来，无意中碰断了这条布带。在门外等候的顾客及路过的行人以为正式开张营业了，蜂拥而入，争先恐后地购买货物，盛况空前。不久，当老板的一个分公司又要开张时，他想起第一次开张时的盛况，于是又如法炮制。这次是有意让小女儿把布带碰断，果然财运又不错。于是，人们认为让女孩碰断布带的做法是一个极好的兆头，因而争相效仿，广为流行。此后，凡是新开张的商店都要邀请年轻的姑娘来撕断布带。后来，人们又用彩带取代色彩单调的布带，并用剪刀剪带代替撕带，讲究的还用金剪刀。

这样一来，人们就给这种做法正式取了个名，叫“剪彩”。剪彩的人也逐渐变成领导或德高望重的社会名流等。

73

如何做好企业剪彩仪式的准备工作？

剪彩仪式是指有关单位，为了庆祝成立、开工、开业等而举行的一项隆重的礼仪活动。目的是引起社会各界的关注，树立企业的良好形象。为了使剪彩仪式取得成功，要做好以下准备：

◇场地布置

场地要宽敞明亮。场地一定要铺红地毯，它主要铺设在剪彩者正式剪彩时的站立之处，其长度可视剪彩者人数的多少而定，宽度则不应少于一米。在剪彩现场铺设红色地毯，主要是为了提高仪式档次，营造一种喜庆的气氛。此外还可布置彩旗、拱门、条幅、气球、花篮等。

◇物品准备

①红色缎带。即剪彩中的“彩”，是非常重要的物品。按传统做法，它应由一整匹未使用过的红色绸缎，在中间扎上几朵大而醒目的红花制成。现在为了节约，一般使用两米左右长的红缎带、红布条。

②新剪刀。专供剪彩者剪彩时使用，剪彩者必须人手一把。剪刀应是崭新、锋利的，避免因不好用，让剪彩者尴尬。剪彩后，可包装送给剪彩人以留纪念。

③白色薄纱手套。供剪彩者剪彩时戴，以示郑重，但一般情况下可以不准备。如果准备，就要确保手套洁白无瑕、剪彩者人手一副、大小适度。

④托盘。供盛放剪刀、手套用的，最好是崭新、洁净的，通常首选银色的不锈钢制品。为了显示正规，还可在使用时铺上红色绒布或绸布。在剪彩时，可以由一位礼仪小姐用一只托盘依次向各位剪彩者提供剪刀和手套。

⑤红色地毯。主要用于铺设在剪彩者正式剪彩时的站立之处。

◇剪彩人员的选定

在剪彩仪式上的剪彩人员必须认真选择，并于事先进行必要的培训。

根据惯例，剪彩者可以是一个人，也可以是几个人，但是一般不应多于五人。通常，剪彩者多为上级领导、合作伙伴、社会名流、员工代表或客户代表。按照常规，剪彩者应着套装、套裙或制服，并将头发梳理整齐。不允许戴帽子或者戴墨镜，也不允许穿着便装。

若剪彩者仅为一人，则其剪彩时居中而立即可。若剪彩者不止一人，一般的规则是：中间高于两侧，右侧高于左侧，距离中间站立者愈远，位次便愈低，即主剪者应居于中央的位置。需要说明的是，剪彩者的位次“右侧高于左侧”是一项国际惯例。

◇挑选礼仪小姐

为了增加热烈而隆重的喜庆气氛，可以邀请礼仪小姐参加仪式。礼仪小姐可从本企业中挑选，或到公关、旅游、宾馆、文艺单位聘请，一般要求仪容、仪表、仪态大方庄重。着装宜选择西式套装或中式礼服——红色旗袍，穿高跟鞋，配长筒丝袜，化淡妆，并以盘起发髻的发型为佳。人员确定后，进行必要的分工和演练。

具体而言，在剪彩仪式上服务的礼仪小姐，又可以分为迎宾者、引导者、服务者、拉彩者、捧花者、托盘者。迎宾者的任务，是在活动现场负责迎来送往；引导者的任务，是在进行剪彩时负责带领剪彩者登台或退场；服务者的任务，是为来宾尤其是剪彩者提供饮料，安排休息之处；拉彩者的任务，是在剪彩时展开、拉直红色缎带；捧花者的任务，是在剪彩时手托花团；托盘者的任务，则是为剪彩者提供剪刀、手套等剪彩用品。

74

剪彩仪式有哪些规范事项？

一般来说，剪彩仪式宜紧凑，忌拖沓，所用时间愈短愈好，少则一刻钟即可，长则不宜超过一个小时。

按照惯例，剪彩既可以是开业仪式中的一项具体内容，也可以独立出来，由其自身的一系列事项所组成。剪彩仪式通常应包含如下六项基本环节：

①请来宾就位。在剪彩仪式上，通常只为剪彩者、来宾和本单位的负责人安排座席。

②宣布仪式正式开始。在主持人宣布仪式开始后，乐队应演奏乐曲，现场可燃放鞭炮，全体到场者应热烈鼓掌。此后，主持人应向全体到场者介绍到场的重要来宾。

③奏国歌。此刻须全场起立。必要时，亦可随之演奏本单位歌曲。

④发言。发言者依次应为东道主单位的代表、上级主管部门的代表、地方政府的代表、合作单位的代表等。其内容应言简意赅，每人不超过三分钟，重点应为介绍、道谢与致贺。

⑤剪彩。此刻，全体应热烈鼓掌，必要时还可奏乐或燃放鞭炮。在剪彩前，须向全体到场者介绍剪彩者。主持人宣布正式剪彩之后，剪彩者应在礼仪小姐的引导下，步履稳健地走向剪彩位置，如有几位剪彩者，应让主剪者走在前面，其他剪彩者紧随其后走向自己的剪彩位置。礼仪小姐用

托盘呈上白手套、新剪刀，剪彩者应用微笑致谢并接过手套和剪刀，然后表情庄重地将缎带一刀剪断。如有几位剪彩者共同剪彩，则应协调好彼此的动作。剪彩时，剪彩者还应和礼仪小姐配合，注意让彩球落入托盘内。剪彩者在放下剪刀之后，应转身向四周的人们鼓掌致意，并与东道主进行礼节性的谈话，然后退场。

⑥进行参观。剪彩之后，主人应陪同来宾参观本单位，仪式至此宣告结束。随后，东道主单位可向来宾赠送纪念性礼品，并以自助餐款待全体来宾。

75

举办工程交接仪式，应邀请哪些来宾？

交接仪式是指施工单位或承包单位将已经建设好的工程项目或已完成的承包任务，如厂房、商厦、机器组装、车船等，经验收达标合格后正式移交给使用单位所举行的庆祝典礼。举行交接仪式，既是对成功合作的庆祝，也是对提供关心、支持和帮助的社会各界表示感谢，又是施工单位和接收单位利用交接机会，为提高各自的知名度而举行的一种公关宣传活动。

出席仪式的来宾名单，通常应由仪式的东道主——施工、安装单位负责拟定。在拟定具体来宾名单时，东道主方应主动征求接收单位的意见，一起协商确定。

交接仪式的出席人员原则上应包括：施工、安装单位的有关人员、接收单位的有关人员、上级主管部门的负责人及其代表、当地政府的负责人、行业组织、社会团体的有关人员、各界知名人士、协作单位的代表及新闻媒体记者等。被邀请到的单位或负责人，不管能否出席，应尽早向仪式的主办单位发出贺电或贺信，还可敬赠大型花篮，以示祝贺，并在花篮上挂上特制的缎带，右书“恭贺 ×× 交接仪式隆重举行”，左书本单位的全称。敬赠的花篮可提前送到会场。

在举行交接仪式时，东道主既要争取多邀请新闻界的人士参加，又要按礼仪要求为其尽可能提供一切便利。对于不邀而至的新闻界人士，尽量来者不拒。至于邀请海外的媒体人员参加交接仪式的问题，则必须认真遵守有关的外事规则与外事纪律，事先履行必要的报批手续。

出席仪式的代表，均应身着正装，面带微笑，举止热情。

在举行仪式之前，交接双方单位的负责人应提前到达会场，并在门口恭迎来宾们的光临，并指定专人进行迎送、接待、引寻、陪同等礼仪应酬工作。

76

布置交接仪式的场地有哪些礼仪细节？

举行交接仪式的现场，亦称交接仪式的会场。在对其进行布置时，通常应视交接仪式的重要程度、全体出席者的具体人数、交接仪式的具体程序，以及是否要求对其进行保密等几个方面的因素而定。

根据常规，交接仪式必须在工程完工、任务完成并经验收合格之后举行，交接仪式的会场一般选择在工程项目的现场或货物移交的方便地带，也可在其他场所举行。不管仪式场地选择在何处，作为东道主或交付者一方，均应事先指令专人或组织临时的工作小组布置会场。

将交接仪式安排在业已建设、安装完成并已验收合格的工程项目或大型设备所在地的现场举行，可使全体出席仪式的人员身临其境，获得对被交付使用的工程项目或大型设备的直观了解，掌握较为充分的第一手资料。不过，若是在现场举行交接仪式，往往准备工作量较大。另外，由于将被交付的工程项目或大型设备归接收单位所有，故东道主事先要征得对方的首肯，活动结束后还需对方配合完成交接的后续工作。

交接仪式现场的布置要隆重、热烈，又不能铺张浪费。会场正面应悬挂“×× 交接仪式”或“热烈庆祝 ×× 正式建成使用”的巨型横幅。在会场的入口处或主席台前，可插置或悬挂一定数量的彩旗。会场上空可牵放带有庆贺标语的大型彩色气球，会场两侧可依次摆放来宾赠送的花篮。还可以安排乐队，演奏乐曲。

主席台可以因地制宜搭在建筑物大门的台阶上，也可以搭在平整开阔的地面上。

如果交接仪式安排在东道主单位的会议厅举行，可免除大量的接待工作，会场的布置也十分便利。特别是在被交付的工程项目、大型设备不宜为外人参观，或者暂时不方便外人参观的情况下，以东道主单位的会议厅作为举行交接仪式的现场，不失为一种较好的选择。此种选择的主要缺陷是：东道主单位往往需要付出更多的人力、财力和物力，全体来宾对于将被交付的工程项目或大型设备缺乏身临其境的直观感受。

如果被交付的工程项目或大型设备的现场条件欠佳，或是出于东道主单位的本部不在当地以及将要出席仪式的人员较多等其他原因，经施工、安装单位提议，并经接收单位同意之后，交接仪式亦可在其他场所举行。诸如宾馆的多功能厅、外单位的礼堂或大厅等处，都可用来举行交接仪式。在其他场所举行交接仪式，尽管开支较高，但可省去大量的安排、布置工作，而且还可以提升仪式的档次。

77

工程交接仪式需要准备哪些物品？

在交接仪式上，有不少需要使用的物品，应由东道主一方提前进行准备。首先，必不可少的是具有象征意义的有关物品。它们主要有验收文件、一览表、钥匙等。

验收文件，此处是指已经公证的由交接双方正式签署的接收证明性文件。

一览表，是指包含交付给接收单位的物资、设备或其他物品的名称、数量等内容的明细表。

钥匙，是指用来开启被交接的建筑物或机械设备的钥匙。一般情况下，因其具有象征性意味，故预备一把即可。

除此之外，主办交接仪式的单位，还需为交接仪式的现场准备一些用以烘托喜庆气氛的物品，并为来宾略备一份薄礼。在交接仪式上用以赠送给来宾的礼品，应突出纪念性、宣传性。

被交接的工程项目、大型设备的微缩模型，或以其为主角制作的画册、明信片、纪念章、领带针、钥匙扣等，皆为礼品的上佳之选。

78

交接仪式有哪些规范环节？

不同类型的交接仪式，其程序各有不同，但大体内容是一致的。一般是参照惯例执行，尽量不要标新立异，而且还要实事求是、量力而行。总体上，几乎所有的交接仪式都少不了下述的基本程序：

①主持人请有关负责人到主席台就座，并宣布交接仪式开始，全体与会者鼓掌祝贺。

②奏国歌，全体肃立，之后奏东道主单位的歌曲。

③由施工单位和接收单位负责人正式交换有关工程项目的验收文件、一览表、钥匙等象征性物品。此时，双方应面带微笑，双手递交，在此之后，还应该热烈握手。这一程序也可替换为上级主管部门负责人或当地政府领导人为工程项目剪彩，并由乐队奏乐或播放乐曲，营造热烈的气氛。

④交接双方代表和来宾代表发言。发言的顺序是：施工或安装单位代表、接收单位代表、来宾代表等。但这种发言都是礼节性的，宜短不宜长。原则上讲，每一个人发言的时间为 3 分钟左右。

⑤主持人宣布交接仪式结束。交接仪式在时间上以不超过 1 小时为宜。仪式结束，应邀请各方来宾参观工程项目，东道主应安排专人接待、陪同和解说参观，有的东道主还为各方来宾安排一些文娱活动助兴，并以便饭招待。

79

交接仪式上主客如何表现得体？

在参加交接仪式时，不论是东道主一方还是来宾一方，都存在一个表现是否得体的问题。

需要注意的主要问题有以下几个方面：

◇仪表整洁

参加交接仪式的人员，必须要仪表整洁、服饰得体、举止大方。

◇保持风度

在交接仪式举行期间，不要东游西逛、交头接耳、打打闹闹。在为发言者鼓掌时，不允许厚此薄彼，区别对待。

◇待人友好

不管自己是否专门负责接待、陪同或解说工作，东道主一方的全体人员都应当自觉地树立起主人翁意识，一旦来宾提出问题或需要帮助时，全体人员都要鼎力相助，不允许一问三不知、借故推托，甚至胡言乱语、大说风凉话。即使自己力不能及，也要向对方说明原因，并且及时向有关部门反映情况。

◇**致以祝贺**

接到正式邀请后，被邀请者应尽早以单位或个人的名义发出贺电或贺信，向东道主表示热烈祝贺。有时，被邀请者在出席交接仪式时，将贺电或贺信面交东道主，也是可行的。不仅如此，被邀请者在参加仪式时，还须郑重其事地与东道主一方的主要负责人一一握手，再次口头道贺。

◇**略备贺礼**

为表示祝贺之意，可向东道主一方赠送一些贺礼，如花篮、牌匾、贺幛等。时下，以赠送花篮最为流行，它一般需要在花店订制，用各色鲜花插装而成，并且应在其两侧悬挂特制的红色缎带，右书“恭贺 ×× 交接仪式隆重举行”，左书本单位的正式全称。花篮可由花店代为先期送达，亦可由来宾在抵达现场时面交主人。

◇**预备贺词**

假若自己与东道主关系密切，还需要提前预备一份书面贺词，供被邀请发言时用。其内容应当简明扼要，主要是为了向东道主一方道喜祝贺。

◇**准点到场**

若无特殊原因，接到邀请后，务必牢记在心，届时准时抵达，为主人捧场。若不能出席，应尽早通知东道主。

80

企业签约仪式有哪些礼仪事项？

签约仪式指的是订立合同、协议的各方在合同、协议正式签署时所正式举行的仪式。举行签约仪式，不仅是对谈判成果的一种公开化、固定化，也是有关各方对自己履行合同、协议所做出的一种正式承诺。为了体现合同的严肃性，在签署合同时，最好郑重其事地举行签约仪式。各方除了出席谈判的代表外，还应组织政府的领导人出席，以示重视。谈判的各方代表在协议书上签字后，要交换协议书，并握手祝贺，最后简短地发表祝词。

签约仪式是签署合同的高潮，其时间虽然短暂，但程序却是最为规范，气氛最为庄严、隆重而热烈的。

◇妥善布置好签约场地

举行签约仪式的场地，往往依据参加签约仪式的人员规格、人数多少及协议中的商务内容重要程度来确定，多数是选择在客人所住的宾馆饭店，或东道主的会客厅、洽谈室。但不管是在何处举行，都要首先征得各方的同意。以两方企业签约仪式为例，签约场地的布置，一般是在签约厅内设置长方桌，桌面应罩上深绿色台布，桌后放两把椅子，作双方签字人座位，一般为主方签字人坐左，客方签字人坐右。桌前应置放好各自保存的文本、签字文具。如签署涉外协议，还应在桌中摆一旗架，悬挂签字双方所在国的小国旗，国旗摆置顺序应与签字人的国籍顺序相符。如签署多边协议时，各方的国旗则应依一定的礼宾顺序插在各方签字者的身后。

签约场地布置的主要要求是庄重、整洁。

81

如何安排签约仪式的座次？

座次安排在签约仪式中是非常重要的一环，因为座次的排列能够体现主办方对于各方代表的礼遇高低，所以主办方在事先排定座次的时候一定要慎重认真。

◇签约的座次安排

一般来说，举行签约仪式时，主办方可以根据签约人员的数量来安排签约厅内桌椅的摆放。

举行双边签约仪式时最常见的形式是并列式排座。基本做法是：签字桌在室内面对房门横放，双方出席仪式的全体人员在签字桌后面并排排列。

在签署双边性合同时，应请客方签字人在签字桌右侧就座，主方签字人就座于签字桌左侧。双方各自的助签人，应分别站立于各自一方签字人的外侧，以便随时对签字人提供帮助。

双方参加签约仪式的其他人员，一般需要呈直线、单行或者多行并排站立在签字者身后，并面对房间正门，通常面对房门站在右侧的是客方，站在左侧的是主方。

要注意一点，中央要高于两侧，也就是双方地位高的人站在中间，站在最外面的人地位相对较低。如果站立的人员有多排，一般前排高于后排，站在第一排的人地位较高。

原则上，双方随行人数应大体上相近。如果不能选择并列式的话，也可以选择相对式。相对式签约仪式的排座与并列式的排座基本相同。二者之间的主要差别，只是相对式排座将双边参加签约仪式的随员席移至签字人的对面。

在签署多边性合同时，常采用的是主席式排座。其具体做法是：签字桌仍在室内横放，签字座席设在桌后，面对正门，但只设一个，并且不固定就座者。

举行仪式时，所有各方人员，包括签字人在内，皆应背对正门、面向签字席就座。各方签字人应以有关各方事先同意的先后顺序依次走上签字席就座签字，然后退回原位就座，而不像双边签字仪式一样大家平起平坐，同时签名。各方的助签人则应随之一同行动，并站立于签字人的左侧。与此同时，有关各方的随员应按照一定的序列，面对签字桌就座或站立。

82

如何准备待签字的合同文本？

依照商务常规，在正式签署合同之前，应由举行签约仪式的主方负责准备待签合同的正式文本。

举行签约仪式，是一桩严肃而庄重的大事，因此不能将“了犹未了”的“半成品”交付其使用，或是临近签字时有关各方还在为某些细节而争论不休。在决定正式签署合同时，就应当拟定合同的最终文本。它应当是正式的，不再进行任何更改的标准文本。

负责为签约仪式提供待签的合同文本的主方，应会同有关各方一道指定专人，共同负责合同的定稿、校对、印刷与装订。按常规，应为在合同上正式签字的有关各方，均提供一份待签的合同文本。必要时，还可再向各方提供一份副本。

签署涉外商务合同时，比照国际惯例，待签的合同文本应同时使用有关各方法定的官方语言，或是使用国际上通行的英文、法文。此外，亦可同时并用有关各方法定的官方语言、英文或法文。使用外文撰写合同时，应反复推敲，字斟句酌，不要望文生义或不解其意而乱用词汇。

待签的合同文本应以精美的白纸印制而成，按大八开的规格装订成册，并以高档质料，如真皮、金属、软木等，为其做封面。

83

如何选择与安排签字人员？

在举行签约仪式之前，有关各方应预先确定好参加签字仪式的人员，并向有关方面通报。客方尤其要将自己一方出席签字仪式的人员提前通报给主方，以便主方安排。签字者的人选要视文件的性质来确定，可由最高负责人签，也可由具体部门负责人签，但双方签字人的身份、地位、职务应该对等。

首先，负责在文本上签字的人应该具有法定资格。两国之间签订条约、协定，双方签字代表通常须具有全权证书，在签字前双方互相校阅全权证书。

其次，参加签字仪式的人员，可以包括双方参加谈判的人员及其他必要人员。为了表示对所签条约、协定、合同的重视，往往还请领导人出席。参加签字的有关各方事先还应安排一名熟悉签字仪式详细程序的助签人员，并商定好签字的有关细节。

最后，规范好签字人员的服饰。按照规定，签字人、助签人以及随员，在出席签字仪式时，应当穿着具有礼服性质的深色西装套装。男士还必须系上单色领带、穿中山装套装；女士应身穿西装套裙，并且配以白色衬衫与深色皮鞋，以示正式。在签字仪式上露面的礼仪人员、接待人员，应当穿工作制服，或是礼仪性服装。

84

签约仪式的程序规范是怎样的？

签约仪式的基本程序如下：

◇就座

参加签约仪式的有关人员进入签字厅后，主签人按主左客右的位置入座。签字人员入座时，其他人员按身份顺序排列于各自的签字人员座位之后。双方助签人员分别站在各自签字人员的外侧，协助翻开文本，指出签字处。在本方保存的文本上签毕后，由助签人员互相传递文本，再在对方保存的文本上签字，然后由双方签字人再次交换文本，相互握手。全体人员应鼓掌，表示祝贺。助签人站在主签人的外侧，其他人员以职位（身份）高低为序，客方自左向右，主方自右向左，分别站立于各主签人的后面。当一行站不下时，可遵照“前高后低”的原则排成两行以上。

◇正式签字

签字时，应按国际惯例遵守“轮换制”，即主签人首先签署己方保存的文本，而且签在左边首位处，然后由助签人员交换文本，再签署他方保存的文本，这样使各方都有机会居于首位一次。“轮换制”在礼仪上的含义是，机会均等，各方平等。

◇**交换文本**

签字完毕，由双方主签人起立交换文本，并相互握手，其他陪同人员鼓掌祝贺。随后，由礼宾人员端上香槟酒，共同举杯庆贺。

◇**共饮香槟酒祝贺**

签字后，主方备好香槟酒，双方共同举杯庆贺。尤其是签字人当场干杯，是国际上通行的庆祝的做法。

◇**退场**

签字仪式完毕后，应先请双方最高领导退场，然后请客方退场，主方最后退场。